U0105424

《華嚴經》

淨行品一百六十二大願解析

（全彩版）

附：「海印三昧」與「佛華嚴三昧」之解析

果濱 編撰

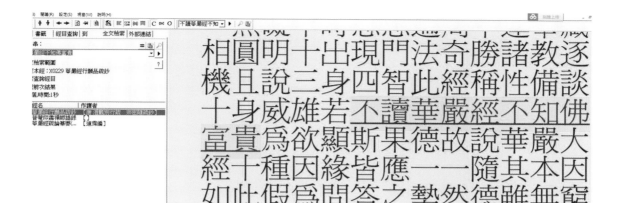

唐・澄觀撰《別行疏》、宗密述《隨疏鈔》--《華
　嚴經行願品疏鈔・卷二》

**若不讀《華嚴經》
不知佛富貴**

唐末五代・永明 延壽《心賦注・卷三》

**不讀《華嚴經》
焉知佛富貴
此一真心
可謂富貴**

序文

　　本書全部字數接近 **10** 萬字，書名為：**《華嚴經》淨行品一百六十二大願解析(全彩版)**。《華嚴經》的〈淨行品〉，幾乎是被關注、被印刷、被整理、被講授、被書寫、被誦念、被修持、被共修最多的其中「一品」內容。傳統分類皆作〈淨行品〉有 **141** 願，但據筆者將〈**淨品行**〉四種「漢譯本」(不加入藏譯本的比對)重新分類整理後，總數應可擴充歸納到 **162** 願的。

　　傳統作 **141** 願乃「起源」於唐‧<u>慧苑</u>(673～743？)述《續華嚴經略疏刊定記‧卷四‧淨行品第十一》中的說法，如云：

> 經標「一百四十一願」者，非菩薩弘願只有「若干務」，示體或令「准」為之爾……
> 長科為十段……
> 就「初段」中，有十一願……
> 第二段中，有十五願……
> 第三段，有十三願……
> 第四段，有七願……
> 第五段，有十二願……
> 第六段，有十九願……
> 第七段，有二十四願……
> 第八段，有二十三願……
> 第九段，有十四願……
> 第十段，有三願。

　　後來唐‧<u>澄觀</u>(737～838)撰《大方廣佛華嚴經疏‧卷十五‧淨行品》即承襲<u>慧苑</u>《續華嚴經略疏刊定記》中的說法，如云：

> 一、總明大意文中，總有「一百四十一願」。菩薩大願深廣如海，應如迴向，非止爾也，此蓋示於體式，餘皆倣此……
> 初有十一願：明在家時願。
> 二有十五願：出家受戒時願。
> 三有七願：就坐禪觀時願。

四有六願：明將行披挂時願。
五有七願：澡漱盥洗時願。
六有五十五願：明乞食道行時願。
七有二十二願：明到城乞食時願。
八有五願：明還歸洗浴時願。
九有十願：明習誦旋禮時願。
十有三願：明寤寐安息時願。

還有唐·澄觀(737～838)所排定的《華嚴經疏科文·卷三》，再「細分」如下之說：

初有 11 願：明在家時願(佛子)
二有 15 願：出家受戒時願(捨居)
三有 7 願：就坐禪觀時願(若入)
四有 6 願：將行披掛時願(下足)
五有 7 願：澡漱盥洗時願(手執)
六有 55 願：乞食行道時願(三)
　　　初有 12 願遊涉道路(手執)
　　　二有 19 願所覩事境(若見)
　　　三有 24 願所遇人物(見嚴)
七有 22 願：到城乞食時願(若見)
八有 5 願：明還歸洗浴時願(從舍)
九有 10 願：明誦習旋禮時願(諷誦)
十有 3 願：明寤寐安息時願(若洗)

最後是明·憨山(1546～1623)德清提挈的《華嚴綱要(第 1 卷-第 44 卷)》卷十四·淨行品第十一，也是承襲澄觀《疏義》之說，甚至將「一百」解為「十信」圓融，四十一即表示「十住、十行、十迴向、十地」，及「等覺」等共「四十一位」也，如云：

總有「一百四十一願」。
「一百」者，表「十信」圓融，一一具「十」也。
「四十一」者，即「四十一」位也。
明此諸位所有「惑障」，由此能淨，所有勝行，由此能行，故有「一百四十

一願」。

近代所有研究《華嚴》的學者，大都也是承襲這 **141** 願去研究或講授的，但如果將下面四種「漢譯本」進行比對後，應可擴充歸納到 **162** 願的。

吳・支謙居士譯 (約222~253間譯出)	西晉・聶道真居士譯 (曾擔任竺法護[231~308]譯經的「筆受」職務多年)	東晉・佛馱跋陀羅譯 公元421年譯出	唐・實叉難陀譯 公元699年譯出
《佛說菩薩本業經》 距今約1800年了	《諸菩薩求佛本業經》 距今約1700年了	六十《華嚴經・淨行品》 距今約1600年了	八十《華嚴經・淨行品》 距今約1300年了

在逐字比對後，可發現吳・支謙居士譯(約222~253間譯出)**《佛說菩薩本業經》**，經文其實含涵蓋了《華嚴經》「**如來明號品、光明覺品、淨行品、昇須彌山頂品**」等四品的「少部」內容。

西晉・聶道真居士譯(曾擔任竺法護[231~308]譯經的「筆受」職務多年)**《諸菩薩求佛本業經》**，經文其實含涵蓋了《華嚴經》「**淨行品**」與「**昇須彌山頂品**」的「少部」內容。

所以我們可以進一步推測出：吳・支謙居士譯《佛說菩薩本業經》，與西晉・聶道真居士譯《諸菩薩求佛本業經》，應是六十與八十《華嚴經・淨行品》最早、最原始的「譯文內容」，或許都屬於相同「來源」的梵文譯本，只差漢譯文字的「順序」與「字數多寡」問題。底下是文殊師利菩薩告智首(jñāna 智-śīrṣa 首)菩薩說有 **162** 願的大略「標題」說明：

1菩薩「在家」修行，於「居家、孝事父母、與妻子共居、得五欲、在妓樂、著瓔珞七寶、於房室與婇女相娛樂、上昇樓閣、布施所珍、與妻恩愛、於家感受危難」時，約有 11 願。**①** ~ **⑪**

2菩薩「出家」修行，於「捨家、入僧坊、詣大小師、求請出家、脫去俗服、剃除鬚髮、受著袈裟、受出家法」時，約有 8 願。**⑫** ~ **⑲**

3菩薩「出家」修行，於「自歸於佛;法;僧、受持淨戒、受阿闍梨教導、受和尚教導、受具足戒」時，約有 7 願。**⑳** ~ **㉖**

4菩薩若於「開門戶、關門戶、入房舍、敷床座、正身端坐、跏趺坐、入大眾、數息觀、三昧正受、觀察諸法、捨跏趺坐」時，約有 11 願。**㉗** ~ **㉝**

⑤菩薩若於「下床足蹈、舉足、披著衣裳、整服繫帶、披著上衣、披著僧伽梨」時，約有 6 願。**38** ～ **43**

⑥菩薩若於「手執楊枝、晨嚼楊枝、漱齒洗口、大小便利、便利後而就水處、以水滌穢、以水盥掌、以水澡面」時，約有 8 願。**44** ～ **51**

⑦菩薩若於「行持錫杖、執持缽器、出門舍、發心向道、正在修道、涉路而去、行道於高路、行道於下路、行道於斜曲路、行道於直路」時，約有 10 願。**52** ～ **61**

⑧菩薩若於路上見「塵、險道、大樹、精舍講堂、叢林、高山、刺棘、樹葉」時，約有 10 願。**62** ～ **71**

⑨菩薩於路上見「華開、華樹、果實、流水、陂水、池沼、江海、汲井、汲水」時，約有 9 願。**72** ～ **80**

⑩菩薩於路上見「泉水、澗水、大水、橋梁、修整園圃、果園、稻穀、園苑」時，約有 8 願。**81** ～ **88**

⑪菩薩若見「莊嚴修飾人、土丘聚舍、眾人聚集、閑居」時，約有 4 願。**89** ～ **92**

⑫菩薩若見「無嚴飾之素服人、志樂之喜笑人、無樂著之憂愁人、不樂者、安隱之歡樂人、苦惱人、強健無病人、有疾病人」時，約有 8 願。**93** ～ **100**

⑬菩薩若見「端正人、醜陋人、報恩人、不報恩人、沙門、婆羅門、仙人、苦行人」時，約有 8 願。**101** ～ **108**

⑭菩薩若於「操守品行人、被鎧甲、無鎧仗、論議人、正命人、愚鈍人、講經人」時，約有 7 願。**109** ～ **115**

⑮菩薩若見「帝王、太子、公卿長者、臣吏、城郭、王都宮闕」時，約有 6 願。**116** ～ **121**

⑯菩薩若見「貪欲人」時，有 1 願。**122**

⑰菩薩若於「乞食分衛、見到樹林山藪之妙色、到人之門戶、入門內堂室、難持戒、捨戒人」時，約有 6 願。**123** ～ **128**

⑱菩薩若遇「有人不捨飯、有人仍未辦飯、見空缽、見滿缽、得缽飯」時，約有 5 願。**129** ～ **133**

⑲菩薩若遇「具慚恥人、無慚恥人、得美食、不得美食、得柔軟食、得麁

澁食」時，約有 6 願。**134** ～ **139**

20 菩薩若於「嚥飯食、噉雜味、飯食已訖、飯後說法與咒願、飯畢退坐從舍出」時，約有 5 願。**140** ～ **144**

21 菩薩若於「入水欲澡浴、正澡浴色身、遇盛暑、見寒冰、誦經偈、親見佛陀、諦觀佛陀」時，約有 7 願。**145** ～ **151**

22 菩薩若「得見佛塔舍利、諦觀佛塔、頂禮佛塔、禮佛塔後起身、右遶佛塔一匝、右遶佛塔三匝、讚詠佛功德、稱譽佛相莊嚴」時，約有 8 願。**152** ～ **159**

23 菩薩若「欲洗足、寢息或臥坐、眠寤」時，約有 3 願。**160** ～ **162**

例如 **162** 願當中的第 **52** 願中，經過四個譯本的對比後，正確應解作：

手執「錫杖」(之時)：**當願眾生，設大「施會」**(布施供養之會)，**(令)示「如實」**(之)**道。**

其實僧人執持「錫杖」的思想是來自非常古老的佛經記載，從後漢・安世高(譯經時代爲公元 148～170 年)譯的《大比丘三千威儀・卷二》就有「持錫杖有二十五事」的經文說明。後面有吳・支謙居士譯(約 222～253 間譯出)的《佛說菩薩本業經》云：

(菩薩若)行持「錫杖」(之時)：**當願眾生，依「仗」於法，分流**(分布流通)**德化**(道德教化)。

還有西晉・聶道真居士譯(曾擔任竺法護[231～308]譯經的「筆受」職務多年)的《諸菩薩求佛本業經》云：

菩薩(若)**見持「錫杖」**(之)**時，(應常)心念言：(願)十方天下人，皆使常「作善」，為人所(尊)仰，常欲施與人，教人為「善法」。**

僧人需執持「錫杖」，有非常多的經文可佐證，但地藏「菩薩」的造形為何也是執持「錫杖」呢？其實地藏菩薩執持「錫杖」的形象資料，確定均未見載於任何顯密的「經典」中，例如唐・玄奘譯(602～664 年)《大乘大集地藏十輪經》云：

是<u>地藏</u>菩薩摩訶薩……此大菩薩，是諸微妙功德伏藏、是諸解脫珍寶出處、是諸菩薩明淨眼目……如「如意珠」，雨眾財寶，隨所希求皆令滿足。

經文有出現<u>地藏</u>菩薩所執持的「如意珠」的字眼，但仍然沒有「錫杖」與<u>地藏</u>菩薩「相關連」的經文。

再晚一點的《地藏菩薩本願經》，目前皆認為是<u>唐代實叉難陀</u>於 695~704 年間所所譯，但學術界考證《地藏經》應該晚至 936~974 年間才被翻譯出來_(根據日本學者<u>羽溪了諦</u>之推定)，《地藏經》應於<u>唐末</u>「五代」_(大約是 936~948 年)，開始在<u>中國</u>流傳，但《地藏經》中也沒有記載<u>地藏</u>菩薩持「錫杖」的相關經文。

再來是《大藏經》中有「收錄」一本署名為<u>成都麻大聖慈恩寺沙門藏川</u>_(北宋仁宗天聖十年，即公元 1032 年)所譯述的《佛說地藏菩薩發心因緣十王經》_(非佛經，是偽經)，裡面就說到<u>地藏</u>菩薩擁有六個名號，其中第二位名<u>放光王地藏</u>、與第四位名<u>金剛悲地藏</u>，造型都是「左手」持「錫杖」的，注意是「左手」唷！如下所云：

爾時世尊告<u>乞叉底蘗波</u>(Kṣiti-garbha 地藏)菩薩言：善哉！善哉！諦聽！<u>地藏</u>於未來世為緣現身，我當授記「六種名字」，頌告言：
①<u>預天賀地藏</u>，左持「如意珠」，右手「說法印」，利諸天人眾。
②<u>放光王地藏</u>，左手持「錫杖」，右手「與願印」，雨雨成五穀。
③<u>金剛幢地藏</u>，左持「金剛幢」，右手「施無畏」，化修羅靡幡。
④<u>金剛悲地藏</u>，左手持「錫杖」，右手「引攝印」，利傍生諸界。
⑤<u>金剛寶地藏</u>，左手持「寶珠」，右手「甘露印」，施餓鬼飽滿。
⑥<u>金剛願地藏</u>，左持「閻魔幢」，右手「成辦印」，入地獄救生。

大約在<u>北宋</u>初期，<u>地藏</u>菩薩造型就已出現有持「珠」與「錫杖」的特徵。再晚一點的<u>宋·元照</u>_(1048~1116 年)集《地藏慈悲救苦薦福利生道場儀·卷二》中就明確把「珠」與「錫杖」都寫入了儀軌內容，如云：

大聖<u>地藏王</u>菩薩……恭惟《十輪》大教主、六道救苦師、本尊願王、冥陽<u>地藏</u>菩薩，夙承佛記，慈視眾生……「寶珠」照徹天堂路，金「錫」敲開地獄門。是日有情蒙接引，蓮花台上禮慈尊。

但若回頭來檢視《藏經》，其實只要是「菩薩」都可以找到與執持「錫杖」有關的經文，例如最古老的後漢・竺大力(197年譯經)共康孟詳(194～207年譯經)譯的《修行本起經》即云：

> 是時有梵志儒童，名無垢光……時儒童菩薩，入彼眾中，論道說義，七日七夜。爾時其眾，欣踊無量。主人長者，甚大歡喜，以(己)女(乃)賢意，(欲)施與(儒童)菩薩。(儒童)菩薩不受，唯取傘蓋、錫杖、澡罐、履屣、金銀錢各一千，還上(供養其)本師。

後面劉宋(420～479年)時代，由翔公譯的《佛說濡首菩薩無上清淨分衛經》也有說明「菩薩」與「錫杖」的關係，如云：

> 是時坐中英首菩薩，承佛神旨而從坐起……右膝著地，而跪白佛：唯然，世尊！濡首童真者，古今諸佛無數如來，及眾仙聖有道神通，所共「稱讚」……是時濡首童真菩薩，以其平旦(之日)，欲入城「分衛」(乞食)，整聖無上清淨「道服」，執御「應器」，持法「錫杖」，粗順如佛(一樣的威儀)。

到了唐代由三昧蘇嚩羅(Samādhi-śvara)譯的《千光眼觀自在菩薩祕密法經》也明確的說觀自在菩薩有個「錫杖」的咒法。如云：

> 若人求慈悲心者，作「錫杖」法。其「慈杖」觀自在菩薩像，相好莊嚴，如上所說。但右手執「錫杖」，左手當齊向上。畫像已，印相二手內縛，豎「火輪」，圓滿如「錫杖」形，真言曰……

既然「菩薩」與執持「錫杖」的關連在《藏經》中都可以找到證據，那地藏「菩薩」有執持「錫杖」的造型，就不足為疑了！

還有另一個問題，那藥師「佛」的造形為何也是有執持「錫杖」的呢？

其實有關唐代藥師佛執持「錫杖」的記載，均未見於任何的「佛教純經典」或「儀軌」記載中，只有到元代沙囉巴(shes-rab dpal 慧吉祥，1259～1314)譯的《藥師琉璃光王七佛本願功德經念誦儀軌供養法》中才有出現藥師佛執持「錫杖」的記載，如云：

世尊藥師琉璃光，執持最勝妙法藏，利樂眾生如日月，
光明最勝我讚禮，受持經律論藏教，手執「鉢盂、錫杖」等。

但這是元代的「儀軌」內容，並非是「純佛經典」的記載，更不是唐代就有的「儀軌」論典。

日僧覺禪法師的《覺禪抄》中記載藥師尊像有「唐本持鉢、錫杖」的「唐本藥師像」，在敦煌中的「初唐石窟壁畫」中亦見有「持鉢、執錫杖」的藥師佛。在日本「高野山」真別處圓通寺藏本《圖像抄》卷二「藥師如來」條，及與其內容相同的《別尊雜記》卷四中的「藥師」條中，即稱：

又有唐本，持鉢、錫杖。或左手持「鉢」，其鉢十二角，右手作「施無畏」。

說明了唐代的藥師佛確實存在「持鉢、執錫杖」的造型(參閱中唐·莫高窟第 245 窟西壁上的藥師佛造型)，但唐代的藥師佛執持「錫杖」的資料，均未見於任何顯密的「經典」或儀軌中。

其實如果我們再回頭去檢視《藏經》，只要是「佛如來」都可找到執持「錫杖」相關的資料，例如姚秦·竺佛念(365～416 年譯經)譯《菩薩從兜術天降神母胎說廣普經》云：

一時佛在伽毘羅婆兜(Kapila-vastu 迦毘羅衛城)……城北雙樹間，欲捨身壽(而)入「涅槃」……襯身(襯身衣;襯體衣;內衣)臥(向)上，腳腳(則)相累(疊)，以「鉢、錫杖」手付(於)阿難。

到了唐代的密教經典就記載更多「佛如來」執持「錫杖」的經文資料，如唐·善無畏(Śubhakara-siṃha，637～735 年)共一行(683～727 年)譯《大毘盧遮那成佛神變加持經·卷五》即云：

時「薄伽梵」，以偈頌曰：最初「正等覺」，敷置「漫荼羅」……復次應諦聽，釋迦「師子」壇……「大鉢」具光焰，「金剛印」圍繞，「袈裟、錫杖」等，置之如次第。五種如來頂，諦聽！今當說……

唐·善無畏譯的《攝大毘盧遮那成佛神變加持經入蓮華胎藏海會悲生曼

荼攞廣大念誦儀軌供養方便會・卷二》亦云：

> 所餘諸釋種(指釋迦種族之意，常作釋迦之略稱)，「袈裟」及「錫杖」，師應具開示。

唐・金剛智(Vajrabodhi，669～741 年)譯《佛說無量壽佛化身大忿迅俱摩羅金剛念誦瑜伽儀軌法》亦云：

> 次畫本尊像，長一尺五寸，而作「丁字」立，足踏青蓮華……左持「金蓮華」，髮少黃，右旋……「髮」中(有站)立(的)「化佛」。
>
> (佛的)右(手持)錫(杖)，左(手持)「澡鑵ﾟ」(kuṇḍikā。君持、君遲、軍遲、軍挺、捃稚迦等。意譯為瓶、澡瓶、水瓶)。
>
> 兩邊皆(各有)一佛，(皆)持「錫杖」，(杖作)金色。(有眾)聖者(圍)遶(著)其身，(有)急雲「五色光」。

上面的經典都明確指出「佛如來」與「錫杖」的關係；既然如此，那藥師也是「佛如來」，所以藥師佛也能有「錫杖」造型應是同理可推出來的！

又例如❶⑥②願當中的第❶⑤⓪願中，經過四個譯本的對比後，正確應解作：

> (菩薩)若(能)得「見佛」(之時)：當願眾生，得「無礙眼」，見(證)一切(諸)佛。

所以下一個第❶⑤①願中，經過四個譯本的對比後，正確應解作：

> (菩薩若不得見佛，只能)諦觀「佛」(之)時：當願眾生，皆如普賢(菩薩所修的「大願行」一樣)，(能具)端正「嚴好」(而如「佛」般的莊嚴)。

關於這樣的註解方式，可參考清・戒顯訂閱、濟岳彙箋《沙彌律儀毗尼日用合參・卷二》也是採相同的解說：

> 「端正嚴好」者，謂普賢「因」中「行願」齊修，故其「報身」，福慧莊嚴，世間無比。故當修普賢行願，而成「嚴好」之相也。

其餘總數❶⑥②大願的解釋，經由這四種「漢譯本」比對後，應可獲得更精準、更清楚的詮釋。

其實《華嚴經》〈淨行品〉雖有這 *162* 願的「經文內容」，但對上整個《藏經》來說，也不算多的，因為如果在 CBETA 中打「願諸眾生」或「願一切眾生」，就會發現還有大量相關的法義內容了。如在本書已例舉出《大般涅槃經‧卷十五‧梵行品》內容，其中就有很多「**願諸眾生如何如何**」的經文模式了。

本書還附有《華嚴經》最熱門的二個三昧--「**海印三昧**」與「**佛華嚴三昧**」的詳細比對解釋，以三種漢譯本為主。

①東晉‧佛馱跋陀羅譯六十《華嚴經‧賢首菩薩品》。
②唐‧實叉難陀譯八十《華嚴經‧賢首品》。
③北宋‧中印度僧法天（?～1001）譯《大方廣總持寶光明經‧卷四》（公元 982 年譯畢）。

「**海印三昧**」據唐末五代‧永明 延壽《宗鏡錄‧卷十八》中的解釋，至少有「十義」以上。「**海印三昧**」能為不同「根器」的眾生而顯現妙用，菩薩於「定心」中皆能現此「**海印三昧**」，譬如大**海**有「**印現萬物**」之本體與妙用。

「**佛華嚴三昧**」意指若能證得「**佛**」地之果，便能以「**華**」莊「**嚴**」其身而入此「**三昧**」大定，而諸菩薩亦能在「六度萬行」的「信解行證」下證入此「大定」，具有「統攝法界」之本體與妙用，為入一切佛法之「大三昧」。

唐代的法藏大師（643～712）在他的三本著作，《華嚴遊心法界記》、《修華嚴奧旨妄盡還源觀》、與《華嚴發菩提心章》（即《華嚴三昧觀》，一卷十門），都只講四個字「**華嚴三昧**」。其實當初應該要命名為《**佛華嚴三昧章**》的，如此就不會造成「後人」一直誤以為《華嚴經》是講「**華嚴三昧**」這四個字，而不是「**佛華嚴三昧**」五個字啊！

所以佛寺如果要以弘揚《華嚴經》為主的道場，建議可作底下幾種命名方式：

佛華嚴三昧寺
佛華嚴三昧講堂
佛華嚴三昧道場

佛華嚴三昧精舍
佛華嚴三昧齋

佛華嚴寺
佛華嚴講堂
佛華嚴道場
佛華嚴精舍
佛華嚴齋

若佛寺要以弘揚《華嚴經》＋《楞嚴經》為主的道場，也可作底下幾種命名方式：

雙嚴寺
雙嚴講堂
雙嚴道場
雙嚴精舍
雙嚴齋

最後祈望這本著作：《華嚴經》淨行品一百六十二大願解析（全彩版），能帶給更多後人來研究《華嚴經》〈淨行品〉162個不同的「大願」精彩內容。末學在教學繁忙之餘，匆匆撰寫，錯誤之處，在所難免，猶望諸位大德教授，不吝指正，爰聊綴數語，以為之序。

公元 2023 年　12 月 12 日　果濱序於土城楞嚴齋

《華嚴經》淨行品一百六十二大願解析

（全彩版）

附：「海印三昧」與「佛華嚴三昧」之解析

--果濱·編撰

《華嚴經·淨行品》四種譯本對照
（無法進入者，請翻牆，或找他人複製內容）
https://drive.google.com/drive/folders/1-2Yk3RTa_Y9yJqXL8TpSgsP47-
D2yWBM?usp=sharing

───目錄───

序文…………………………………………………………………………………一

《華嚴經・淨行品》四種譯本對照……………………………………17

《華嚴經》第十四卷……………………………………………………20

十四−1 智首菩薩問文殊菩薩：菩薩云何能得「無過失、不害、不可毀、不退轉、不可動、殊勝、清淨、無染、以智為導」之「身、語、意」業？………20

十四−2 菩薩云何能得十種具足？十種慧？十種力？十種善巧？……………24

十四−3 菩薩云何能善修習七覺分、三解脫門、十波羅蜜、十力……等諸法門……………………………………………………………27

十四−4 諸菩薩若能善用其心，則能獲得一切「勝妙」功德。諸菩薩當如普賢菩薩一樣，具色像第一，於一切「行、願」皆得具足………………30

卍修布施食物時，常願一切眾生能得「大智食」，並精勤勸進迴向「無上大乘」與西方作佛………………………………………………32

卍菩薩在佈施「車乘、衣物、花香、塗香、末香、諸雜香」時，應各作「不同的發願」，諸願皆不離「大乘、無上乘、成佛、不退轉、六度功德」…………34

卍菩薩在佈施「床敷、舍宅、燈明」時，應各作「不同的發願」，諸願皆不離「大乘、無上乘、成佛、佛性、六度功德、常樂我淨」…………37

十四−5 全部總計 162 願。菩薩「在家」修行，於「居家、孝事父母、與妻子共居、得五欲、在妓樂、著瓔珞七寶、於房室與婇女相娛樂、上昇樓閣、布施所珍、與妻恩愛、於家感受危難」時，約有 11 願……………43

卍關於「五欲」的原始定義經論解釋………………………………………47

十四−6 菩薩「出家」修行，於「捨家、入僧坊、詣大小師、求請出家、脫去俗服、剃除鬚髮、受著袈裟、受出家法」時，約有 8 願……………52

十四−7 菩薩「出家」修行，於「自歸於佛;法;僧、受持淨戒、受阿闍梨教導、受和尚教導、受具足戒」時，約有 7 願……………………55

十四−8 菩薩若於「開門戶、關門戶、入房舍、敷床座、正身端坐、跏趺坐、入大眾、數息觀、三昧正受、觀察諸法、捨跏趺坐」時，約有 11 願……58

十四−9 菩薩若於「下床足蹈、舉足、披著衣裳、整服繫帶、披著上衣、披著僧伽梨」時，約有 6 願………………………………………63

十四−10 菩薩若於「手執楊枝、晨嚼楊枝、漱齒洗口、大小便利、便利後而就水處、以水滌穢、以水盥掌、以水澡面」時，約有 8 願……………66

十四−11 菩薩若於「行持錫杖、執持缽器、出門舍、發心向道、正在修道、涉路而去、行道於高路、行道於下路、行道於斜曲路、行道於直路」時，約有 10 願……………………………………………………69

卍關於藥師佛與地藏菩薩持「錫杖」的記載均未見於任何的「佛教純經典」中.74

十四−12 菩薩若於路上見「塵、險道、大樹、精舍講堂、叢林、高山、刺棘、

樹葉」時，約有 **10** 願 91

十四－13 菩薩於路上見「華開、華樹、果實、流水、陂水、池沼、江海、汲井、汲水」時，約有 **9** 願 94

十四－14 菩薩於路上見「泉水、澗水、大水、橋梁、修整園圃、果園、稻穀、園苑」時，約有 **8** 願 97

十四－15 菩薩若見「莊嚴修飾人、土丘聚舍、衆人聚集、閑居」時，約有 **4** 願 101

十四－16 菩薩若見「無嚴飾之素服人、志樂之喜笑人、無樂著之憂愁人、不樂者、安隱之歡樂人、苦惱人、強健無病人、有疾病人」時，約有 **8** 願 103

十四－17 菩薩若見「端正人、醜陋人、報恩人、不報恩人、沙門、婆羅門、仙人、苦行人」時，約有 **8** 願 108

十四－18 菩薩若於「操守品行人、被鎧甲、無鎧仗、論議人、正命人、愚鈍人、講經人」時，約有 **7** 願 111

十四－19 菩薩若見「帝王、太子、公卿長者、臣吏、城郭、王都宮闕」時，約有 **6** 願 114

十四－20 菩薩若見「貪欲人」時，有 **1** 願 116

十四－21 菩薩若於「乞食分衛、見到樹林山藪之妙色、到人之門戶、入門內堂室、難持戒、捨戒人」時，約有 **6** 願 119

十四－22 菩薩若遇「有人不捨飯、有人仍未辦飯、見空鉢、見滿鉢、得鉢飯」時，約有 **5** 願 122

十四－23 菩薩若遇「具慚恥人、無慚恥人、得美食、不得美食、得柔軟食、得麁澀食」時，約有 **6** 願 124

十四－24 菩薩若於「嚥飯食、噉雜味、飯食已訖、飯後說法與咒願、飯畢退坐從舍出」時，約有 **5** 願 126

十四－25 菩薩若於「入水欲澡浴、正澡浴色身、遇盛暑、見寒冰、誦經偈、親見佛陀、諦觀佛陀」時，約有 **7** 願 130

卍「佛像」是有一定的「觀像法」准則，而不是只看「佛臉」，其餘的細節全部忽略 133

十四－26 菩薩若「得見佛塔舍利、諦觀佛塔、頂禮佛塔、禮佛塔後起身、右遶佛塔一匝、右遶佛塔三匝、讚詠佛功德、稱譽佛相莊嚴」時，約有 **8** 願 135

十四－27 菩薩若「欲洗足、寢息或臥坐、眠寤」時，約有 **3** 願 139

卍「海印三昧」有十義，能為不同「根器」的衆生而顯現妙用，菩薩於「定心」中皆能現此「海印三昧」，譬如大海有「印現萬物」之本體與妙用。 151

卍「佛華嚴三昧」意指若能證得「佛」地之果，便能以「華」莊「嚴」其身而入此「三昧」大定，而諸菩薩亦能在「六度萬行」的「信解行證」下證入此「大定」，具有「統攝法界」之本體與妙用，為入一切佛法之「大三昧」 151

卍「海印」三昧 155

卍「佛華嚴」三昧...159

《華嚴經》是講[佛華嚴三昧]五個字,不是[華嚴三昧]四個字-2023 年果濱講於二楞講堂

https://drive.google.com/file/d/1XoKJx05Lk_pIIkh78EQ1Kop-zcpVRMDN/view?usp=sharing

《華嚴經》的「海印三昧」解釋-2023 年果濱講於二楞講堂

https://drive.google.com/file/d/1NW7FK1F8m-gqnQ9dF4ovKC1UcW7xcIQO/view?usp=sharing

[藥師佛]與[地藏菩薩]持[錫杖]的記載均未見於任何的[佛教純經典]-2023年果濱講於二楞講堂

https://drive.google.com/file/d/1IjFB7vPbFeS5nkks301C7pHYhnWLjYWx/view?usp=sharing

弘一大師曾說，可誦《八十華嚴經》，讀到第 59 卷「離世間品」後，接著念《四十華嚴》共 40 卷，這樣前後總共 99，就是最完整的《華嚴經》讀誦本了。

個人建議，我們應該要保持經文的「原譯性、真實性」，不要任意把它給「斷開、補貼」。所以強烈「建議」，只需完整讀誦《六十》、或《八十》、或《四十》的《華嚴經》，不必特意「提倡」99《華嚴經》的「說法」！

「祖師」的說法，我們「尊重」即可，我們應該要弘揚「原譯」的「完整經文」才是「如法」的！

三本《華嚴經》，不含「標點符號」，總字數為：

$$496388+590320+258000=約 \textbf{134 萬} 4 千多字$$

《六十華嚴》 又稱為「舊經」 或稱《晉譯華嚴》 約 **49** 萬字 （不含標點符號）	東晉·佛馱跋陀羅譯 (Buddhabhadra 359～429) 公元 **421** 年譯出。 →距今 2023 年。 《六十華嚴》已超過 1600 年了。	原《下本經》十萬偈頌之「前分三萬六千偈」。 共三十四品，七處八會。
《八十華嚴》 又稱為「新經」 或稱為《唐譯華嚴》、 《新華嚴》 約 **59** 萬字 比六十華嚴多出不到 **10** 萬字 （不含標點符號）	唐·實叉難陀譯 (Śikṣānanda 652～710) 公元 **699** 年譯出。 →距離《六十華嚴》已有 278 年了。 →距今 2023 年。 《八十華嚴》已超過 1300 年了。	原《下本經》十萬偈頌之「前分四萬五千偈」。 共三十九品，七處九會。
《四十華嚴》 約 **25** 萬字 （不含標點符號）	唐·般若譯 (prajñā 734～？) 公元 **789** 年譯出。 →距離《六十華嚴》已有 368 年了。 →距離《八十華嚴》只有 90 年了。	僅「入法界品」一品。今皆收於《六十華嚴》及《八十華嚴》之最後一品。此「入法界品」佔《華嚴經》四分之一以上。

建議：可以「拜完」或「誦完」八十《華嚴經》後，再加拜，或加誦六十《華嚴經》！

這樣就可以「圓滿」108 萬拜的「拜經心願」或「誦經

心願」了！

而且保證絕無灌水的！

大方廣佛華嚴經

于闐國三藏實叉難陀奉· 制譯

無「標點符號」

去掉「卷名、品名」
重複的「作者」譯名
590320字。
約59萬字。

如是我聞

一時佛在摩竭提國阿蘭若法菩提場中始

其地堅固金剛所成

上妙寶輪及眾寶花清淨摩尼以為嚴飾諸色相海無邊顯現

摩尼為幢常放光明恒出妙音眾寶羅網妙香花纓周匝垂布摩尼寶王變現自在雨無盡寶

及眾妙華分散於地寶樹行列枝葉光茂

佛神力故令此道場一切莊嚴於中影現其菩提樹高顯殊特

金剛為身瑠璃為幹眾雜妙寶以為枝條寶葉扶疎垂蔭如雲寶花

八十《華嚴經》

《華嚴經》是經王嗎？正確答案：可說[是],也可說[不是]-2022 年果濱講於二楞講堂
https://drive.google.com/file/d/1GD1MkkReXWRFbS01u3iSOVMJI-
OPx1sw/view?usp=sharing

[華嚴經]&[大般涅槃經]&[大般若波羅蜜多經]字數揭密-2022 年果濱講於二楞講堂
https://drive.google.com/file/d/17PpkM-
e8kSK1njd_bvr8XbvTRDY3Cby9/view?usp=sharing

內文 新細明體(本) A 80 A B U I

六十華嚴經

大方廣佛華嚴經卷第一

東晉天竺三藏佛馱跋陀羅譯

世間淨眼品第一之一

如是我聞 一時佛在摩竭提國寂滅道場始成正覺其

滿清淨無量妙色種種莊嚴猶如大海寶幢幡蓋光明照耀妙香華鬘周 彌覆其上雨無盡寶顯現
諸雜寶樹華葉光茂佛神力故令此場地廣博嚴淨光明普照一切奇特 根莊嚴道場其菩提樹高
特清淨瑠璃以為其幹妙寶枝條莊嚴清淨寶葉垂布猶如重雲雜色寶 摩尼以為其果樹光普照
世界種種現化施作佛事不可盡極普現大乘菩薩道教佛神力故常出一切眾妙之音讚揚如來無量功德不可思
子之座猶如大海眾妙寶華而為嚴飾流光如雲周遍普照無數菩薩大海之藏大音遠震不可思議如來光明逾摩
彌覆其上種種變化施作佛事一切悉覩無所罣礙於一念頃一切現化充滿法界如來妙藏無不遍至無量眾寶莊

字數統計

統計：	
頁數	212
字數	496,338
字元數 (不含空白)	496,362
字元數 (含空白)	497,157
段落數	5
行數	10,581
半形字	8
全形字	496,330

☑ 含文字方塊、註腳及章節附註(F)

關閉

496388字
約49萬字

明朝向體 10 A B U I A

大方廣佛華嚴經 (四十華嚴)

罽賓國三藏般若奉 詔譯

注意：有包含「造字組合」的字在內的

例如

[(阿-可)*(山/(峻-山))]

大方廣佛華嚴經卷第一

入不思議解脫境界普賢行願品

如是我聞一時佛在室羅筏城逝多林給孤獨園大莊嚴重閣與菩薩摩訶薩五千人俱
普賢菩薩摩訶薩文殊師利菩薩摩訶薩而為上首其名曰智慧勝智菩薩普賢勝智菩薩無
著勝智菩薩華勝智菩薩日勝智菩薩月勝智菩薩無垢勝智菩薩金剛勝智菩薩無塵勞勝
智菩薩毘盧遮那勝智菩薩星宿幢菩薩須彌幢菩薩寶勝幢菩薩無礙幢菩薩華幢菩薩
無垢幢菩薩日幢菩薩妙幢菩薩離塵幢菩薩毘盧遮那幢菩薩地威德光菩薩寶威德光菩薩

字數統計

統計：	
頁數	272
字數	258,328
字元數 (不含空白)	258,363
字元數 (含空白)	268,219
段落數	742
行數	9,498
半形字	391
全形字	257,937

☑ 含文字方塊、註腳及章節附註(F)

關閉

258328
扣掉造字
大約25萬多字

《華嚴經・淨行品》四種譯本對照
《華嚴經》第十四卷

✖根據筆者重新比對後發現吳・支謙居士譯(約 222~253 間譯出)**《佛説菩薩本業經》**，經文其實含涵蓋了「如來明號品、光明覺品、淨行品、昇須彌山頂品」等四品的少部內容。

✖西晉・聶道真居士譯(曾擔任竺法護[231~308]譯經的「筆受」職務多年)**《諸菩薩求佛本業經》**，經文其實含涵蓋了「淨行品」與「昇須彌山頂品」的少部內容。

✖所以我們可以進一步推測出：吳・支謙居士譯《佛說菩薩本業經》，與西晉・聶道真居士譯《諸菩薩求佛本業經》，應是六十與八十《華嚴經・淨行品》最早、最原始的「譯文內容」，或許都屬於相同「來源」的梵文譯本，只差漢譯文字的「順序」與「字數多寡」問題。

十四－1 智首菩薩問文殊菩薩：菩薩云何能得「無過失、不害、不可毀、不退轉、不可動、殊勝、清淨、無染、以智為導」之「身、語、意」業？

吳・支謙居士譯 (約 222~253 間譯出) **《佛説菩薩本業經》** 距今約 1800 年了	西晉・聶道真居士譯 (曾擔任竺法護[231~308]譯經的「筆受」職務多年) **《諸菩薩求佛本業經》** 距今約 1700 年了	東晉・佛馱跋陀羅譯 公元 421 年譯出 六十《華嚴經・淨行品》 距今約 1600 年了	唐・實叉難陀譯 公元 699 年譯出 八十《華嚴經・淨行品》 距今約 1300 年了
《願行品・第二》	《諸菩薩求佛本業經・一卷》	《淨行品・第七》	《淨行品・第七》
⚀⚁智首菩薩問敬首(即指文殊師利菩薩)曰： (菩薩應)本何修行？(可)成(就諸)佛聖道，	⚀ 若那師利(jñana智-śīrṣa首)菩薩問文殊師利菩薩：菩薩(以)何因(緣)，身(之)有所行(為)？(可)不令他人得「長	⚀ 爾時，智首(jñana智-śīrṣa首)菩薩問文殊師利言： 佛子！云何菩薩(能得)「不染」(於)身、	⚀ 爾時，智首(jñana智-śīrṣa首)菩薩問文殊師利菩薩言： 佛子！菩薩云何(能)得「無過失」(於)

「身、口、意」淨，(與)不念「人惡」(他人缺失之惡)。 (菩薩以何修行而)亦使天下(人皆)不得其「短」。	短」(過失)？ 口(之)所言，(可)不令他人得「長短」(過失)？ 心(之)所念，(可)不令他人得「長短」(過失)？	口、意業？	身、語、意業？
	(貳)(菩薩)何緣： (應於)身(能)不(師)「法」他人(之)長短。 (應於)口(能)不「說」他人(之)長短(過失)。 (應於)心(能)不「念」他人(之)長短(過失)。	(貳)(菩薩云何能)「不害」(於)身、口、意業？	(貳)(菩薩)云何(能)得「不害」(於)身、語、意業？
(參)(菩薩之身口意若能具足如此之)仁慈至大，內性明了，(則將)「殊過」(殊勝超過)弟子(聲聞弟子)、(與)「別覺」(緣覺聖人)之上，(所有)一切(的)「眾邪」(皆)莫能「迴動」(迴轉變動)。	(參)(菩薩若能)持是身(之)所行、口(之)所言、心(之)所念，(那麼即能於)眾「阿羅漢、辟支佛」(中)，及諸「天人、世間」人民(中)所不能及「知」。 (菩薩於)身(之)所行、(於)口(之)所言、(於)心(之)所念：(皆應)無(有)能「逮」(到；及)者，(亦)無有能「動轉」者。	(參)(菩薩云何能)「不癡」(於)身、口、意業？	
	(肆)(菩薩於)身(之)		(肆)(菩薩)云何(能)

	所行、 (於)口(之)所言、 (於)心(之)所念: (應令)無有「能害」者?		得「不可毀」(於)身、語、意業? (菩薩)云何(能)得「不可壞」(於)身、語、意業?
	(伍)(菩薩於)身(之)所行、 (於)口(之)所言、 (於)心(之)所念: 皆(應令)成就逐意。	(伍)(菩薩云何能)「不退轉」(於)身、口、意業?	(伍)(菩薩)云何(能)得「不退轉」(於)身、語、意業?
		(陸)(菩薩云何能)「不動」(於)身、口、意業?	(陸)(菩薩)云何(能)得「不可動」(於)身、語、意業?
		(柒)(菩薩云何)應「讚歎」(於殊勝的)身、口、意業?	(柒)(菩薩)云何(能)得「殊勝」(之)身、語、意業?
	(捌)(菩薩於)「身」(之)所行事(應)「淨潔」。 (於)「口」(之)所言(應)「淨潔」。 (於)「心」(之)所念(應)「淨潔」。	(捌)(菩薩云何能得)「清淨」(之)身、口、意業?	(捌)(菩薩)云何(能)得「清淨」(之)身、語、意業?
	(玖)(菩薩於)「身」(之)所行(應)無「瑕穢」。 (於)「口」(之)所言(應)無「瑕穢」。 (於)「心」(之)所念(應)無「瑕穢」。	(玖)(菩薩云何能)「離煩惱」(之)身、口、意業?	(玖)(菩薩)云何(能)得「無染」(之)身、語、意業?

	⑩ （菩薩於）身（之）所行， （應以）「智慧」在上頭。 （於）口（之）所言， （應以）「智慧」在上頭。 （於）心（之）所念， （應以）「智慧」在上頭。	⑩（菩薩云何能）隨「智慧」（爲主的）身、口、意業？	⑩（菩薩）云何（能）得（以）「智」為先導（之）身、語、意業？

十四－2 菩薩云何能得十種具足？十種慧？十種力？十種善巧？

吳・支謙譯 《佛説菩薩本業經》	西晉・聶道真譯 《諸菩薩求佛本業經》	東晉・佛馱跋陀羅譯 六十《華嚴經・淨行品》	唐・實叉難陀譯 八十《華嚴經・淨行品》
壹（菩薩云何能於）	壹（菩薩云何能於）	壹云何菩薩（能得成就）	壹（菩薩）云何（能）得（成就）
出生（即獲得）端正（之成就）？ （具足）「色相」（之）無比？ （生於）族姓「尊貴」（之家）？	（於）生時（獲得）端正（之成就）？ （於）生時（獲）智慧（之成就）？ （於）生時（獲得三種）布施（之成就）？ （於）生時（獲得）「種類」中（最）好（之成就）？ 生時（獲得）於「尊貴」（之）家？ 生時（獲得）「面色」（最）好（之成就）？ 生時（即具）「善相」（而）與眾（人相）異（之成就）？	❶生處成就？ ❷姓成就？ ❸家成就？ ❹❺色相成就？ ❻念成就？ ❼智慧成就？ ❽趣成就？ ❾無畏成就？ ❿覺悟成就？	❶生處具足？ ❷種族具足？ ❸家具足？ ❹色具足？ ❺相具足？ ❻念具足？ ❼慧具足？ ❽行具足？ ❾無畏具足？ ❿覺悟具足？
貳（菩薩云何能獲得） 知（珍）重（與護持）佛法，自守（心）志強（大）？（能）常行「四等」（慈悲喜捨四個心皆平等緣於一切，或稱四等心）？ （菩薩云何能具足）高才敏達？ （云何能具足）精進勇	貳（菩薩云何能獲得） 意（之）所念皆強（大）？（能）多所護持（而）不忘？（與）無所愛惜。 （菩薩云何能具足）高才猛健？ 猛中尊？		

健？ （云何能具足）習衆德本（功德善本）？	猛中貴？ 猛中勇？ 猛中勇猛？ 猛中無有比？		
（參）（菩薩云何能獲得）諸（六）度「無極」（pāramitā 波羅蜜），（其）所為（皆為）「無量」（者）？	（參）（菩薩云何能獲得其）所識（皆）為無有能（被）「斟量」（與測度）者？ （菩薩云何能獲得其）所議（為）無有「央數」（窮盡者）？ （菩薩云何能獲得其）所議為「不可計」（者）？ （為）無有「邊幅」（者）？ （為）無有「能勝」者？ （為具）「慈愛」於佛經？ （此）皆（菩薩）前世筋力（筋骨大力之）行所（導）致。		
（肆）（菩薩皆得）恒生（於）福地，言（語皆）見「信用」。	（肆）（菩薩於）多所出入，（若有言）語者，人皆信用之，無有（人）不「敬附」（尊敬附依）者。 （菩薩其）身（之）所行，無有不「淨潔」者。 （菩薩於）諸所（睹）視（之）經，無有不「了	（肆）云何菩薩（能得）： ①第一智慧？ ②最上智慧？ ③勝智慧？ ④最勝智慧？ ⑤不可量智慧？ ⑥不可數智慧？ ⑦不可思議智慧？	（肆）（菩薩）云何（能）得： ①勝慧？ ②第一慧？ ③最上慧？ ④最勝慧？ ⑤無量慧？ ⑥無數慧？ ⑦不思議慧？

	知」者。	⑧ ⑨不可稱智慧？ ⑩不可說智慧？	⑧無與等慧？ ⑨不可量慧？ ⑩不可說慧？
(伍)(云何菩薩能得)降心(降服妄心而)正意，(能)攝念(而)入禪(定)。	(伍)(云何菩薩能得)一心(而)降意(降服妄意)，思惟明曉，(能)迴(轉攝)念(而)入禪(定)。	(伍)云何菩薩(得)： (1)因力具足， (2)意力具足， (3)方便力具足， (4)緣力具足， (5)境界力具足， (6)根力具足， (7)⑧⑨止觀力具足， (10)定力具足？	(伍)(菩薩)云何得： (1)因力、 (2)欲力、 (3)方便力、 (4)緣力、 (5)所緣(的境界)力、 (6)根力、 (7)觀察力、 (8)「奢摩他」力(śamatha 止;定)、 (9)「毘鉢舍那」力(vipaśyanā 觀;慧)、 (10)思惟力？
(陸)(菩薩能通)曉「空、無想、不願」之法。 (以上指「空、無相、無願」三解脫門) (菩薩能)出入(於)「四大、五陰、六入、十二緣起」(法中)。	(陸)(云何菩薩能)出入(於)「五音」(五陰?)中？(能)入於「四事」(四大?)中？(能)入於「三事」(三界?)中？(能)入於「十二事」(十二因緣)中？(能於)過去、當來、今現在(之)所，(皆)出生「福祐功德」中？	(陸)云何菩薩(能)： ㈠善知「陰、界、入」？ ㈡善知「緣起」法？ ㈢善知「欲、色、無色界」？ ㈣善知「過去、未來、現在」？	(陸)(菩薩)云何(能)得： ㈠「蘊」善巧？ 「界」善巧？ 「處」善巧？ ㈡「緣起」善巧？ ㈢「欲界」善巧？ 「色界」善巧？ 「無色界」善巧？ ㈣「過去」善巧？ 「未來」善巧？ 「現在」善巧？

十四－3 菩薩云何能善修習七覺分、三解脫門、十波羅蜜、十力⋯⋯等諸法門

吳・支謙譯《佛說菩薩本業經》	西晉・聶道真譯《諸菩薩求佛本業經》	東晉・佛馱跋陀羅譯六十《華嚴經・淨行品》	唐・實叉難陀譯八十《華嚴經・淨行品》
(壹)(菩薩云何能於)「七覺」(而)不閡を(沒有閡滯)？	(壹)(菩薩云何能)入於「七覺意」中？	(壹)云何菩薩(能善於)修(習)「七覺意」？	(壹)(菩薩)云何(能)善(於)修習： ❶「念」覺分、 ❷「擇法」覺分、 ❸「精進」覺分、 ❹「喜」覺分、 ❺「猗」覺分、 ❻「定」覺分、 ❼「捨」覺分、
	(能)入於「虛空、無常、無所罣礙」中。	(與)修(習)「空、無相、無作」(三解脫門)？	(與修習)「空、無相、無願」？
	(貳)(能)入於「六波羅蜜」經中。	(貳)云何菩薩(修行能得以)滿足：「檀」波羅蜜、「尸」波羅蜜、「羼提」波羅蜜、「毘梨耶」波羅蜜、「禪」波羅蜜、「般若」波羅蜜、「慈、悲、喜、捨」？(以上共合計也是十個波羅蜜。但《華嚴經》的「十度、十波羅蜜」是另外再加上「方便、願、力、智」這四個的)	(貳)(菩薩修行)云何(能)得(以)圓滿：「檀」波羅蜜、「尸」波羅蜜、「羼提」波羅蜜、「毘梨耶」波羅蜜、「禪那」波羅蜜、「般若」波羅蜜，及以圓滿「慈、悲、喜、捨」？(以上共十波羅蜜)
	悉具足念善「慈愛(慈)、愍傷(悲)」等，(以及)心悉無所「憎、愛」。		
(參)(云何菩薩能貫)通「十力智」，博入「諸	(參)(云何菩薩能)入於「十種力慧」中？	(參)云何菩薩(能)得：	(參)(菩薩)云何(能)得：

道」，濟危解厄。		①是處非處智力， ②過去未來現在業報智力， ③種種諸根智力， ④種種性智力， ⑤種種欲智力， ⑥一切至處道智力， ⑦禪定、解脫、三昧垢淨智力， ⑧宿命無礙智力， ⑨天眼無礙智力， ⑩斷一切煩惱習氣智力？	①處非處智力、 ②過未現在業報智力、 ③根勝劣智力、 ④種種界智力、 ⑤種種解智力、 ⑥一切至處道智力、 ⑦禪、解脫、三昧染淨智力、 ⑧宿住念智力、 ⑨無障礙天眼智力、 ⑩斷諸習智力？ （如來十力：①處非處智力。②業異熟智力。③靜慮解脫等持等至智力。④根上下智力。⑤種種勝解智力。⑥種種界智力。⑦遍趣行智力。⑧宿住隨念智力。⑨死生智力。⑩漏盡智力）
㉔（菩薩能常）為「釋、梵」（之）所敬。	㉔（菩薩能常）為諸「天、梵、釋、阿須輪、鬼神、龍」（之）所供養。	㉔云何菩薩（能）常為：諸天王（之）守護，（與）恭敬供養；（能常為諸）龍王、鬼神王、乾闥婆王、阿脩羅王、迦樓羅王、緊那羅王、摩睺羅伽王、人王、梵天王等（之所）守護，（與）恭敬供養？	㉔（菩薩）云何（能）常得「天王、龍王、夜叉王、乾闥婆王、阿脩羅王、迦樓羅王、緊那羅王、摩睺羅伽王、人王、梵王」之所守護，（與）恭敬供養？

㈤	㈤（菩薩能）悉愛護十方人，	㈤云何菩薩（能常得作）	㈤（菩薩）云何（能）得與一切眾生：
	諸有驚怖者，皆「歸仰」（而）得解，	⑴為眾生舍，	⑴為依、
	諸有恐懼、急緣者，無不（獲）得「安隱」者，	⑵為救，	⑵為救、
（菩薩能）除闇冥如「燭火」，	（菩薩能）明於十方，	⑶為歸，	⑶為歸、
（菩薩能）明天下如「日月」，	如燈火、如炬火、如大火、如日月。	⑷為趣，	⑷為趣、
（菩薩能）度眾人如「船師」。	（菩薩能）過度（越過度脫）諸世間人，如船（之）佐（助人）、如船中（之）人。	⑸為炬，	⑸為炬、
		⑹為明，	⑹為明、
		⑺為燈，	⑺為照、
		⑻為導，	⑻為導、
		⑼⑽為無上導？	⑼為勝導、
			⑽為普導？
㈥（菩薩之聖）賢（超）過三界，而為上首，	㈥有「尊師」（為世人所尊之大師），於諸天、世間人民、蜎（古同「翾」）飛（蜎飛：飛翔之眾生）、蠕（古同「蝡」）動（蝡動：緩動之眾生）之類，（為）極善、極豪，都於大眾中（為）「最獨尊」，（於）雄中復「重雄」，（為）極上、無有與等者。	㈥云何菩薩於一切眾生：	㈥（菩薩）云何於一切眾生中：
		㈠為第一，	㈠為第一、
		㈡為大，	㈡為大、
		㈢為勝，	㈢為勝、
			㈣為最勝、
			㈤為妙、
			㈥為極妙、
		㈦為上，	㈦為上、
		㈧為無上，	㈧為無上、
		㈨為無等、	㈨為無等、
		㈩為無等等？	㈩為無等等？
（若）欲成（就）斯道，當（作）何修行？	（以上）如是（之）法，當何以（修行而獲）致之？		

十四－4 諸菩薩若能善用其心，則能獲得一切「勝妙」功德。諸菩薩當如普賢菩薩一樣，具色像第一，於一切「行、願」皆得具足

吳・支謙譯《佛說菩薩本業經》	西晉・聶道真譯《諸菩薩求佛本業經》	東晉・佛馱跋陀羅譯六十《華嚴經・淨行品》	唐・實叉難陀譯八十《華嚴經・淨行品》
⓵敬首(文殊師利菩薩)答曰： 善哉！ (智首)佛子！ (汝之)志仰(心志尊仰)高遠，(具)極大「慈哀、愍傷」(於)十方(眾生)。	⓵文殊師利菩薩謂若那師利(jñana 智-śīrṣa 首)菩薩言： 善哉！善哉！ (智首)佛子！ (汝之)所問乃爾，(具)極大慈愛、多所度脫(於眾生)， 乃作是(代眾生)發意(而)問(其)所問者。	⓵爾時，文殊師利答智首菩薩曰： 善哉！善哉！ (智首)佛子！ (汝)多所饒益(饒利助益)、 多所安隱、 哀愍世間、 惠利一切、 安樂天人， (故代眾生而)問如是義。	⓵爾時，文殊師利菩薩告智首菩薩言： 善哉！(智首)佛子！汝今為欲： 多所饒益、 多所安隱、 哀愍世間、 利樂天人， (故代眾生而)問如是義。
⓶若族姓子！族姓女！(若)欲成(就)佛道者，當先正「身」，(與)「言、念」相應，(及)「口」習經典，(和)心「思」(之)可行。	⓶皆有(的)佛子！(若)菩薩「身」(之)所行、有「口」(之)所言、有「心」(之)所念、有「意」(之)所念道。	⓶佛子！(若)菩薩(能)成就「身、口、意」業，(即能)能得一切「勝妙」功德。	⓶佛子！若諸菩薩(能)善用其心，則(能)獲(得)一切「勝妙」功德。
⓷(如此修行之菩薩便能)改往修來(改變過去以往的習性，修治來日的善法功德)，(永)不釋(不會釋除捨棄)道意(諸佛	⓷(若菩薩於)諸所施行(施設行事)「功德」悉可(獲)得，(且心已能達)未曾增減(的境界)。	⓷(若菩薩)於佛(之)正法，(已能)心無罣礙。 (於)「去、來、今」佛所轉(之)法輪，(皆)	⓷(若菩薩)於諸佛法，(已能)心無所礙。 (已能)住(於)「去、來、今」諸佛之道。

道意)。	(若菩薩於諸)佛(所轉之)經時，(於)「過去、當來、今」現在(諸)佛(所轉的經義)，悉(能)受得之。	能隨順(而)轉。	
(肆)(菩薩能)積德累善，(於)「施恩」(施人恩惠而)不惓，然則(於)所問(之法)悉可得也。	(肆)皆從是(而生)起成(就)、皆(能)使世間人民悉(獲)「安隱」。	(肆)(如此之菩薩即能)不捨眾生。 (即能)明達「實相」。 (即能)斷一切惡(而)具足眾善。	(肆)(如此之菩薩即能)隨眾生(之所)住(而)恒不捨離。 (即能)如諸「法相」(而)悉能通達。 (即能)斷一切惡(而)具足眾善。
(伍)(作)為(修學)菩薩者，必「諦受」(而)學(習)。 如(於)佛(之)法教，(達到)無得「增、減」(的境界)。	(伍)(於)諸所說經(典)，悉(能)諦受(而學習)。 (於)諸所有宿命惡(業)悉(能)消盡。	(伍)(菩薩能得)色像第一，悉如普賢大菩薩等，(能)成就如來(之)「一切種智」。	(伍)(菩薩能)當如普賢(菩薩一樣)，(而具)色像第一，(於)一切「行、願」皆得具足。
(陸)以「誓」(而)自要(自我要求)，(能)念安(於)世間。 奉「戒」(而)行「願」，以立「德本」(功德善本)。	(陸)(於)諸經，悉(能)受得之。 (於)諸所有，皆快(皆得暢快)。 (於)諸所有，皆好(皆得殊好)。 無有(能)與(相)等者。	(陸)(菩薩能)於一切法，悉(獲)得「自在」，而(能成)為眾生(之)「第二尊導(師)」。	(陸)(菩薩能)於一切法，無不「自在」，而(能成)為眾生(之)「第二導師」(第一尊導師為佛陀，若菩薩修行成佛，即是第二尊導師)。

✖底下先讀《大般涅槃經》中有關「當願眾生、願諸眾生」的偈頌內容

卍修布施食物時，常願一切眾生能得「大智食」，並精勤勸進迴
向「無上大乘」與西方作佛

北涼·曇無讖 譯 北本《大般涅槃經·卷十五》	劉宋·慧嚴、慧觀、謝靈運 南本《大般涅槃經》
❶是菩薩摩訶薩於「慈心」中，(在)布施「食」時，常作是願： 我今所施(之食物)，悉與一切眾生共(用)之，以是因緣令諸眾生(能)得「大智食」，(並精)勤(勸)進迴向「無上大乘」(與西方作佛)。 (可查《華嚴經·淨行品》的「當願眾生」四個字。或cbeta打「願諸眾生」或「願一切眾生」，有無量的法義可參考)	❶是菩薩摩訶薩於慈心中，布施食時常作是願：我今所施悉與一切眾生共之，以是因緣，令諸眾生得大智食勤進迴向無上大乘。
❷ ❶願諸眾生，(能)得「善智食」，不求「聲聞、緣覺」之食。 ❷願諸眾生，(能)得「法喜食」，不求「愛食」。 ❸願諸眾生，悉(能)得「般若」波羅蜜食，皆令充滿，攝取無礙，(能)增上善根。 ❹願諸眾生，(能)悟解「空相」，得「無礙身」，猶如「虛空」(般的無礙)。 ❺願諸眾生，(能)常為(需)受(施)者，(而)憐愍一切(的去作「佈施」)，(能)為眾(生廣種)「福田」。 善男子！菩薩摩訶薩修「慈心」時，凡所「施食」(之時)，(皆)應當堅(定而)發如是等願。	❷ ❶願諸眾生，得善智食，不求聲聞緣覺之食。 ❷願諸眾生，得法喜食，不求愛食。 ❸願諸眾生，悉得般若波羅蜜食，皆令充滿攝取無礙增上善根。 ❹願諸眾生，悟解空相，得無礙身猶如虛空。 ❺願諸眾生，常為受者，憐愍一切為眾福田。 善男子！菩薩摩訶薩修慈心時凡所施食，應當堅發如是等願。
❸復次，善男子！菩薩摩訶薩於「慈」心中，(在)布施漿(液)時，當作是願： ❶我今所施(漿液)，悉與一切眾生共(用)	❸復次，善男子！菩薩摩訶薩於慈心中，布施漿時，當作是願： ❶我今所施悉與一切眾生共之，以是因

之，以是因緣，令諸眾生(皆)趣「大乘河」，飲「八味水」(據《大般涅槃經・卷三・名字功德品》云：大般涅槃亦復如是，八味具足。云何為八？一者常，二者恒，三者安，四者清涼，五者不老，六者不死，七者無垢，八者快樂，是為八味具足。具是八味，是故名為大般涅槃。如果解成八功德水；支德水；八味水；八定水，則指「澄淨、清冷、甘美、輕軟、潤澤、安和、除饑渴、長養諸根」。或指「甘、辛、鹹、苦、酸、淡、澀、不了」等八味)。

❷(願諸眾生)速涉「無上菩提之道」，離於「聲聞、緣覺」(之)枯竭。

❸(願諸眾生能)渴仰求於「無上佛乘」，(能)斷「煩惱渴」，(能)渴仰(於無上之大乘)「法味」。

❹(願諸眾生能)離「生死愛」，(能)愛樂大乘《大般涅槃》。

❺(願諸眾生能)具足「法身」，得諸三昧，(能)入於甚深「智慧大海」。

❻願諸眾生，(能)得「甘露味」，(得)菩提出世(之)離欲「寂靜」，(能得)如是諸味。

❼願諸眾生，(能)具足無量百千「法味」，具「法味」已，(能)得見「佛性」；(得)見佛性已，能雨「法雨」；(能)雨「法雨」已，「佛性」(能)遍覆(法界)，猶如「虛空」。

❽(願)復(能)令其餘無量眾生(皆)得「一法味」，所謂「大乘」，非(再自限於)諸「聲聞、辟支佛」味。

❾願諸眾生，得「一甜味」，無有(其餘)六種差別之味。

❿願諸眾生，唯求「(一)法味」，(與具)「無礙佛法」所行之味，不(再)求餘味。

㊃善男子！菩薩摩訶薩於「慈心」中，(在)布施漿(液)時，應當堅(定而)發如是等願。

緣，令諸眾生趣大乘河，飲八味水。

❷速涉無上菩提之道，離於聲聞緣覺枯竭，

❸渴仰志求無上佛乘，斷煩惱渴渴仰法味。

❹離生死愛，愛樂大乘大般涅槃。

❺具足法身得諸三昧，入於甚深智慧大海。

❻願諸眾生，得甘露味，菩提出世離欲寂靜，如是諸味。

❼願諸眾生，具足無量百千法味，具法味已得見佛性，見佛性已能雨法雨。雨法雨已，佛性遍覆猶如虛空。

❽復令其餘無量眾生得一法味，所謂大乘，非諸聲聞辟支佛味。

❾願諸眾生，得一甜味，無有六種差別之味。

❿願諸眾生，唯求法味，無礙佛法所行之味，不求餘味。

㊃善男子！菩薩摩訶薩於慈心中布施漿時，應當堅發如是等願。

卍菩薩在佈施「車乘、衣物、花香、塗香、末香、諸雜香」時，應各作「不同的發願」，諸願皆不離「大乘、無上乘、成佛、不退轉、六度功德」

北涼·曇無讖 譯 北本《大般涅槃經·卷十五》	劉宋·慧嚴、慧觀、謝靈運 南本《大般涅槃經》
壹復次，善男子！菩薩摩訶薩於「慈」心中，(在佈)施「車乘」時，應作是願： 我今所施(車乘)，悉與一切眾生共(用)之，以是因緣，普令眾生成於「大乘」。 ①(能)得住(於)「大乘」， ②(得)「不退」於(大)乘， ③(得)「不動轉」(之)乘， ④(得)「金剛座」(之)乘， 不求「聲聞、辟支佛」乘。 貳向於 ①佛乘， ②無能伏(之)乘， ③無羸ㄌㄟ乏(羸困疲乏)乘， ④不退沒(之)乘， ⑤無上乘， ⑥十力乘， ⑦大功德乘， ⑧未曾有乘， ⑨希有乘， ⑩難得乘， ⑪無邊乘， ⑫知一切乘。 善男子！菩薩摩訶薩於「慈」心中，(在佈)施「車乘」時，常應如是堅(定而)發誓願。	壹復次，善男子！菩薩摩訶薩於慈心中，施車乘時，應作是願： 我今所施悉與一切眾生共之，以是因緣，普令眾生成於大乘。 ①得住大乘， ②不退於乘， ③不動轉乘， ④金剛座乘。 不求聲聞辟支佛乘。 貳向於 ①佛乘， ②無能伏乘， ③無羸乏乘， ④不退沒乘， ⑤無上乘， ⑥十力乘， ⑦大功德乘， ⑧未曾有乘， ⑨希有乘， ⑩難得乘， ⑪無邊乘， ⑫知一切乘。 善男子！菩薩摩訶薩於慈心中，施車乘時，常應如是堅發誓願。

㊥復次，善男子！菩薩摩訶薩於「慈」心中，(在)布施「衣」時，當作是願：

❶我今所施(衣服)，悉與一切眾生共(用)之，以是因緣，(能)令諸眾生得「慚愧衣」，(以)「法界」覆身，裂(解)諸(邪)見衣。

❷(能令)衣服離身「一尺六寸」，(能)得金色身，(身)所受諸「觸」，柔軟無礙，光色潤澤，皮膚細軟，常「光」無量，無色、(亦)離(一切雜)色。

㊵願諸眾生，皆悉普得「無色」之身，(越)過一切色，得入「無色」(之)「大般涅槃」。

善男子！菩薩摩訶薩布施「衣」時，應當如是堅(定而)發誓願。

㊄復次善男子！菩薩摩訶薩於修「慈」中，(在)布施「花香、塗香、末香、諸雜香」時，應作是願：

我今所施(花香、塗香、末香、諸雜香)，悉與一切眾生共(用)之，以是因緣，(能)令諸眾生一切皆得「佛花三昧」，(以)七覺妙鬘，繫其首頂(頭頂)。

㊅

❶願諸眾生，(身)形如「滿月」，所見諸色微妙第一。

❷願諸眾生，皆成「一相」，(具)百福莊嚴。

❸願諸眾生，隨意(能)得見(其)「可意」(可令人悅意)之色。

❹願諸眾生，常遇「善友」，得無礙香，離諸臭穢。

㊥復次，善男子！菩薩摩訶薩於慈心中，布施衣時，當作是願：

❶我今所施悉與一切眾生共之，以是因緣，令諸眾生得慚愧衣，法界覆身裂諸見衣。

❷衣服離身一尺六寸得金色身，所受諸觸柔軟無礙，光色潤澤皮膚細軟，常光無量無色離色。

㊵願諸眾生，皆悉普得無色之身，過一切色，得入無色大般涅槃。

善男子！菩薩摩訶薩布施衣時，應當如是堅發誓願。

㊄復次善男子！菩薩摩訶薩於修慈中，布施花香塗香，末香諸雜香時，應作是願：

我今所施悉與一切眾生共之，以是因緣，令諸眾生一切皆得佛花三昧，七覺妙鬘繫其首頂。

㊅

❶願諸眾生，形如滿月，所見諸色微妙第一。

❷願諸眾生，皆成一相百福莊嚴。

❸願諸眾生，隨意得見可意之色。

❹願諸眾生，常遇善友，得無礙香離諸臭穢。

❺願諸眾生，具諸善根，無上珍寶。

❻願諸眾生，相視和悅，無有憂苦，眾善各(完)備，不相憂念。

❼願諸眾生，(於)「戒香」(能)具足。

❽願諸眾生，(能)持「無礙戒」，香氣芬馥，充滿十方。

❾願諸眾生，

①得「堅牢戒」，

②「無悔」之戒，

③「一切智」戒，

④(遠)離諸「破戒」，

⑤「悉得無」戒

⑥「未曾有」戒，

⑦「無師」戒，

⑧「無作」戒，

⑨「無荒」戒，

⑩「無污染」戒，

⑪「竟已」戒，

⑫「究竟」戒，

⑬得「平等」戒，

⑭於香塗身(時)，及以斫刺(時)，(皆能平)等(而)無「憎、愛」。

(柒)

❶願諸眾生，(能)得「無上戒」大乘之戒，非小乘戒。

❷願諸眾生，悉得具足「尸」(sīla 戒律)波羅蜜，猶如諸佛所成就「戒」。

❸願諸眾生，悉為「布施、持戒、忍辱、精進、禪智」之所薰修。

❹願諸眾生，悉得成於《大般涅槃》微妙「蓮花」，其花香氣，充滿十方。

❺願諸眾生，純食大乘《大般涅槃》無上「香饌」，猶蜂採花，但取香味。

---

❺願諸眾生，具諸善根無上珍寶。

❻願諸眾生，相視和悅無有憂苦，眾善各備不相憂念。

❼願諸眾生，戒香具足。

❽願諸眾生，持無礙戒，香氣芬馥充滿十方。

❾願諸眾生，

①得堅牢戒，

②無悔之戒，

③一切智戒，

④離諸破戒，

⑤悉得無戒，

⑥未曾有戒，

⑦無師戒，

⑧無作戒，

⑨無穢戒，

⑩無污染戒，

⑪竟已戒，

⑫究竟戒，

⑬得平等戒，

⑭於香塗身及以斫刺等無憎愛。

(柒)

❶願諸眾生，得無上戒大乘之戒，非小乘戒。

❷願諸眾生，悉得具足尸波羅蜜，猶如諸佛所成就戒。

❸願諸眾生，悉為布施持戒忍辱精進禪智之所薰修。

❹願諸眾生，悉得成於大般涅槃微妙蓮花，其花香氣充滿十方。

❺願諸眾生，純食大乘大般涅槃無上香饌，猶蜂採花但取香味。

⑥願諸眾生，悉得成就無量功德所「薰」之身。	⑥願諸眾生，悉得成就無量功德所薰之身。
⑧善男子！菩薩摩訶薩於「慈」心中，(在佈)施「花香」時，常當堅(定而)發如是誓願。	⑧善男子！菩薩摩訶薩於慈心中施花香時，常當堅發如是誓願。

卍菩薩在佈施「床敷、舍宅、燈明」時，應各作「不同的發願」，諸願皆不離「大乘、無上乘、成佛、佛性、六度功德、常樂我淨」

北涼‧曇無讖 譯 北本《大般涅槃經‧卷十五》	劉宋‧慧嚴、慧觀、謝靈運 南本《大般涅槃經》
⑤復次善男子！菩薩摩訶薩於「慈」心中，(在佈)施「床敷」時，應作是願： ❶我今所施(床敷)，悉與一切眾生共(用)之，以是因緣，令諸眾生(能)得「天中天」所臥之床，得大智慧、坐「四禪」處。 ❷(能)臥於「菩薩」所臥之床，不臥「聲聞、辟支佛」床，離臥「惡床」。	⑤復次善男子！菩薩摩訶薩於慈心中，施床敷時，應作是願： ❶我今所施悉與一切眾生共之，以是因緣，令諸眾生得天中天所臥之床，得大智慧坐四禪處。 ❷臥於菩薩所臥之床，不臥聲聞辟支佛床，離臥惡床。
⑥ ❶願諸眾生，得「安樂臥」，(能)離「生死床」，成「大涅槃」(之)師子臥床。 ❷願諸眾生，坐此床已，復為其餘無量眾生示現「神通師子遊戲」。 ❸願諸眾生，住此「大乘」大宮殿中，為諸眾生演說「佛性」。 ❹願諸眾生，坐「無上床」，不為「世法」之所降伏。 ❺願諸眾生，得「忍辱床」，離於「生死、飢饉、凍餓」。	⑥ ❶願諸眾生，得安樂臥離生死床，成大涅槃師子臥床。 ❷願諸眾生，坐此床已，復為其餘無量眾生示現神通師子遊戲。 ❸願諸眾生，住此大乘大宮殿中，為諸眾生演說佛性。 ❹願諸眾生，坐無上床，不為世法之所降伏。 ❺願諸眾生，得忍辱床，離於生死飢饉凍餓。

❻願諸衆生，得「無畏床」，永離一切煩惱「怨賊」。
❼願諸衆生，得「清淨床」，專求無上正真之道。
❽願諸衆生，得「善法床」，常為「善友」之所擁護。
❾願諸衆生，得「右脇」臥床，(能)依因諸佛所行之法。

參善男子！菩薩摩訶薩於「慈」心中，(在佈)施「床敷」時，應當堅(定而)發如是誓願。

肆復次善男子！菩薩摩訶薩於「慈」心中，(在佈)施「舍宅」時，常作是願：
我今所施(舍宅)，悉與一切衆生共(用)之，以是因緣，令諸衆生處「大乘舍」。

①修行「善友」所行之行，
②修「大悲」行，
③(修)「六波羅蜜」行，
④(修)「大正覺」行，
⑤(修)「一切菩薩」所行(之)道行，
⑥(修)無邊廣大如「虛空」行。

伍
❶願諸衆生，皆得正念，遠離惡念。
❷願諸衆生，悉得安住「常、樂、我、淨」，永離四(顚)倒。
❸願諸衆生，悉皆受持「出世」文字。
❹願諸衆生，必為無上「一切智」(之法)器。
❺願諸衆生，悉得入於「甘露」屋宅。
❻願諸衆生，(於)「初、中、後」心，常入大乘「涅槃」屋宅。

❻願諸衆生，得無畏床，永離一切煩惱怨賊。
❼願諸衆生，得清淨床，專求無上正真之道。
❽願諸衆生，得善法床，常為善友之所擁護。
❾願諸衆生，得右脇臥床，依因諸佛所行之法。

參善男子！菩薩摩訶薩於慈心中，施床敷時，應當堅發如是誓願。

肆復次善男子！菩薩摩訶薩於慈心中，施舍宅時，當作是願：
我今所施悉與一切衆生共之，以是因緣，令諸衆生處大乘舍。

①修行善友所行之行，
②修大悲行，
③六波羅蜜行，
④大正覺行一切，
⑤菩薩所行道行，
⑥無邊廣大如虛空行。

伍
❶願諸衆生，皆得正念遠離惡念。
❷願諸衆生，悉得安住常樂我淨永離四倒。
❸願諸衆生，悉皆受持出世文字。
❹願諸衆生，必為無上一切智器。
❺願諸衆生，悉得入於甘露屋宅。
❻願諸衆生，初中後心，常入大乘涅槃屋宅。

❼願諸眾生，於未來世，常處「菩薩所居」(之)宮殿。

(陸)善男子！菩薩摩訶薩於「慈」心中，(在佈)施「舍宅」時，常當堅(定而)發如是誓願。

(柒)復次善男子！菩薩摩訶薩於「慈」心中，(在佈)施「燈明」時，常作是願：
我今所施(燈明)，悉與一切眾生共(用)之，以是因緣，令諸眾生「光明」無量，安住佛法。

(捌)
❶願諸眾生，常得「照明」。
❷願諸眾生，得「色」(色相端正力➜菩薩十六大力之一)微妙，光澤第一。
❸願諸眾生，其目清淨，無諸(遍)翳(圓)網。
❹願諸眾生，得「大智」炬，善解「無我、無眾生相」、「無人、無命」。
❺願諸眾生，皆得覿見清淨「佛性」，猶如「虛空」。
❻願諸眾生，肉眼清淨，徹見十方恒沙「世界」。
❼願諸眾生，(能)得佛光明，「普照」十方。
❽願諸眾生，(能)得「無礙明」，皆悉得見清淨「佛性」。

(玖)
❶願諸眾生，得「大智明」，(能)破「一切闇」及「一闡提」。
❷願諸眾生，得「無量光」，(能)普照無量諸佛世界。

---

❼願諸眾生，於未來世，常處菩薩所居宮殿。

(陸)善男子！菩薩摩訶薩於慈心中施舍宅時，常當堅發如是誓願。

(柒)復次善男子！菩薩摩訶薩於慈心中，施燈明時，當作是願：
我今所施悉與一切眾生共之，以是因緣，令諸眾生光明無量，安住佛法。

(捌)
❶願諸眾生，常得照明。
❷願諸眾生，得色微妙光澤第一。
❸願諸眾生，其目清淨無諸翳網。
❹願諸眾生，得大智炬，善解無我無眾生相無人無命。
❺願諸眾生，皆得覿見清淨佛性猶如虛空。
❻願諸眾生，肉眼清淨，徹見十方恒沙世界。
❼願諸眾生，得佛光明普照十方。
❽願諸眾生，得無礙眼，皆悉得見清淨佛性。

(玖)
❶願諸眾生，得大智明，破一切闇及「一闡提」。
❷願諸眾生，得無量光，普照無量諸佛世界。

❸願諸眾生，然(燃)「大乘燈」，離「二乘燈」。	❸願諸眾生，然大乘燈，離二乘燈。
❹願諸眾生，所得光明，滅「無明闇」，(能)過於「千日」普照之功。	❹願諸眾生，所得光明，滅無明闇過於千日竝照之功。
❺願諸眾生，得「火珠明」，悉滅三千大千世界所有「黑闇」。	❺願諸眾生，得大光明，悉滅三千大千世界所有黑闇。
❻願諸眾生，(能)具足「五眼」，悟諸法相，成無師(之)覺。	❻願諸眾生，具足五眼，悟諸法相成無師覺。
❼願諸眾生，無「(邪)見、無明」。	❼願諸眾生，無見無明。
❽願諸眾生，悉得大乘《大般涅槃》微妙(之)光明，示悟眾生真實「佛性」。	❽願諸眾生，悉得大乘大般涅槃微妙光明，示悟眾生真實佛性。
㊉善男子！菩薩摩訶薩於「慈」心中，(在佈)施「燈明」時，常應勤發如是誓願。	㊉善男子！菩薩摩訶薩於慈心中，施燈明時，常應勤發如是誓願。

傳統分類皆作 **141** 願
初有十一願：在家修行時有 11 願
二有十五願：出家修行時有 15 願
三有七願：就坐禪觀時有 7 願。
四有六願：將行披挂(披服穿掛)時有 6 願。
五有七願：澡漱盥洗時有 7 願。
六有五十五願：乞食道行時有 55 願。
七有二十願：到城乞食時有 22 願。
八有五願：還歸洗浴時有 5 願。
九有十願：習誦旋禮時有 10 願。
十有三願：寤寐安息時有 3 願。

若重新整理後，則為 **162** 願。

1 菩薩「在家」修行，於「居家、孝事父母、與妻子共居、得五欲、在妓樂、著瓔珞七寶、於房室與婇女相娛樂、上昇樓閣、布施所珍、與妻恩愛、於家感受危難」時，約有 11 願。❶ ~ ⓫

2 菩薩「出家」修行，於「捨家、入僧坊、詣大小師、求請出家、脫去俗服、剃除鬚

髮、受著袈裟、受出家法」時，約有 8 願。⓬～⓳

3 菩薩「出家」修行，於「自歸於佛;法;僧、受持淨戒、受阿闍梨教導、受和尚教導、受具足戒」時，約有 7 願。⓴～㉖

4 菩薩若於「開門戶、關門戶、入房舍、敷床座、正身端坐、跏趺坐、入大眾、數息觀、三昧正受、觀察諸法、捨跏趺坐」時，約有 11 願。㉗～㊲

5 菩薩若於「下床足蹈、舉足、披著衣裳、整服繫帶、披著上衣、披著僧伽梨」時，約有 6 願。㊳～㊸

6 菩薩若於「手執楊枝、晨嚼楊枝、漱齒洗口、大小便利、便利後而就水處、以水滌穢、以水盥掌、以水澡面」時，約有 8 願。㊹～51

7 菩薩若於「行持錫杖、執持缽器、出門舍、發心向道、正在修道、涉路而去、行道於高路、行道於下路、行道於斜曲路、行道於直路」時，約有 10 願。52～61

8 菩薩若於路上見「塵、險道、大樹、精舍講堂、叢林、高山、刺棘、樹葉」時，約有 10 願。62～71

9 菩薩於路上見「華開、華樹、果實、流水、陂水、池沼、江海、汲井、汲水」時，約有 9 願。72～80

10 菩薩於路上見「泉水、澗水、大水、橋梁、修整園圃、果園、稻穀、園苑」時，約有 8 願。81～88

11 菩薩若見「莊嚴修飾人、土丘聚舍、眾人聚集、閑居」時，約有 4 願。89～92

12 菩薩若見「無嚴飾之素服人、志樂之喜笑人、無樂著之憂愁人、不樂者、安隱之歡樂人、苦惱人、強健無病人、有疾病人」時，約有 8 願。93～100

13 菩薩若見「端正人、醜陋人、報恩人、不報恩人、沙門、婆羅門、仙人、苦行人」時，約有 8 願。101～108

14 菩薩若於「操守品行人、被鎧甲、無鎧仗、論議人、正命人、愚鈍人、講經人」時，約有 7 願。109～115

15 菩薩若見「帝王、太子、公卿長者、臣吏、城郭、王都宮闕」時，約有 6 願。116～121

16 菩薩若見「貪欲人」時，有 1 願。122

17 菩薩若於「乞食分衛、見到樹林山藪之妙色、到人之門戶、入門內堂室、難持戒、捨戒人」時，約有 6 願。123～128

18 菩薩若遇「有人不捨飯、有人仍未辦飯、見空缽、見滿缽、得缽飯」時，約有 5

願。**129** ～ **133**

19 菩薩若遇「具慚恥人、無慚恥人、得美食、不得美食、得柔軟食、得麁澁食」時，約有 6 願。**134** ～ **139**

20 菩薩若於「嚼飯食、噉雜味、飯食已訖、飯後說法與咒願、飯畢退坐從舍出」時，約有 5 願。**140** ～ **144**

21 菩薩若於「入水欲澡浴、正澡浴色身、遇盛暑、見寒冰、誦經偈、親見佛陀、諦觀佛陀」時，約有 7 願。**145** ～ **151**

22 菩薩若「得見佛塔舍利、諦觀佛塔、頂禮佛塔、禮佛塔後起身、右遶佛塔一匝、右遶佛塔三匝、讚詠佛功德、稱譽佛相莊嚴」時，約有 8 願。**152** ～ **159**

23 菩薩若「欲洗足、寢息或臥坐、眠寤」時，約有 3 願。**160** ～ **162**

十四－5 全部總計 **162** 願。菩薩「在家」修行，於「居家、孝事父母、與妻子共居、得五欲、在妓樂、著瓔珞七寶、於房室與婇女相娛樂、上昇樓閣、布施所珍、與妻恩愛、於家感受危難」時，約有 **11** 願

吳‧支謙居士譯 (約 **222～253** 間譯出)	西晉‧聶道真居士譯 (曾擔任竺法護[**231~308**]譯經的「筆受」職務多年)	東晉‧佛馱跋陀羅譯 公元 **421** 年譯出	唐‧實叉難陀譯 公元 **699** 年譯出
《佛説菩薩本業經》 距今約 1800 年了	《諸菩薩求佛本業經》 距今約 1700 年了	六十《華嚴經‧淨行品》 距今約 1600 年了	八十《華嚴經‧淨行品》 距今約 1300 年了
	(文殊師利菩薩告智首菩薩云：) 如是！佛子！(能如此)行於「大道」者，悉皆(能)得之。 (可查 cbeta 打「願諸眾生、當願眾生」或「願一切眾生」，有無量的法義可參考)	(文殊師利菩薩告智首菩薩云：) 佛子！(須修行)何等(之)「身、口、意」業；(始)能得一切「勝妙」(之)功德？	(文殊師利菩薩告智首菩薩云：) 佛子！云何用心(修行)；(始)能獲一切「勝妙」功德？ 佛子！
壹 (菩薩於)居家(時應)奉戒(法)： 當願眾生，(願將所有的)「貪欲」意解，(悉)入「空法」(空性之法)中。	壹 (在家)菩薩(於)居家(之)法，(應常)心念言： (願)十方天下人，皆使莫為「愛欲」(之)所拘繫(拘執繫縛)，(應)悉入(於)「虛空法」中。	壹 菩薩(於)在家(之法)：當願眾生，捨離(貪欲之)「家難」，(應悉)入(於)「空法」(空性之法)中。	壹 菩薩(於)在家(之法)：當願眾生，知家(皆悉入)「性空」(性空之法)，(應)免其(受愛欲之)逼迫。 ❶
貳 (在家菩薩於)孝事父母(之時)： 當願眾生，一切(父母應)護視，(終令雙親	貳 (在家)菩薩(於)孝順、供養父母(之)時，(應常)心念言： (願)十方天下人，皆	貳 (在家菩薩於)孝事父母(之時)： 當願眾生，(對父母親)一切(之)護養，(令	貳 (在家菩薩於)孝事父母(之時)： 當願眾生，善事(父母如同)於(未來)佛

皆)使(早)得佛道。	使早得「佛道」，以當「度脫」十方天下人。	永得「大安」(太平安詳)。	(般)，護養(於)一切。 (供養雙親「未來佛」) ❷
(參) (在家菩薩於)順教(順承教導)妻子(之時)： 當願眾生，令出「愛獄」(貪愛之獄)，無戀慕(欣戀愛慕)心。	(參) (在家)菩薩(於)妻子共居(之)時，(應常)心念言： (願)十方天下人，皆使諸有「愛欲」悉(能)消去。	(參) (在家菩薩於與)妻子集會(之時)： 當願眾生，令出「愛獄」(貪愛之獄)，無戀慕(欣戀愛慕)心。	(參) (在家菩薩於與)妻子集會(之時)： 當願眾生，「怨、親」平等，永離「貪著」。 ❸
(肆) (在家菩薩)若(有)得「五欲」(之時)： 當願眾生，皆入清淨，心無所著。	(肆) (在家)菩薩(於)居家(時)，(若)有所「思」(五欲之)時，(應常)心念言： (願)十方天下人，皆使(度)脫於「愛欲」中，得道(獲)極「過度」(越過度脫)。	(肆) (在家菩薩)若(有)得(色聲香味觸)「五欲」(之時)： 當願眾生，捨離「貪惑」(貪欲煩惑)，(令)功德(獲)具足。	(肆) (在家菩薩)若(有)得(色聲香味觸)「五欲」(之時)： 當願眾生，拔除「欲箭」(貪欲之箭)，(令)究竟(獲得)「安隱」。 ❹
(伍) (在家菩薩)若在「伎樂」(之時)： 當願眾生，(更)悉(能)得「法樂」，(與)「歡喜」之忍。	(伍) (在家)菩薩(於)居家(之時)，(在互)相娛樂(與)作「音樂」(之)時，(應常)心念言： (願)十方天下人，皆使(能)聽受「諸經」，悉(能)得聞，如是(於)作「音樂」(之)時，(而更)欲聽聞(諸經)。	(伍) (在家菩薩)若在「妓樂」(之時)： 當願眾生，悉(能更)得「法樂」，(與)見(妓樂)法如「幻」。	(伍) (在家菩薩若在)「妓樂」聚會(之時)： 當願眾生，(更能)以「法」自娛，了「妓」(而)非(真)實。 ❺
(陸)	(陸)	(柒)	(柒)

(在家菩薩若)著寶「瓔珞」(之時)： 當願眾生，(能)解去(煩惱)重擔，無(任何)綺(麗的瓔珞而)可(喜之)意。	(在家)菩薩(若)著「七寶」(之)時，(應常)心念言： (願)十方天下人，皆使(能)脫於(煩惱)「重擔」去，悉得(停)止休息。	(在家菩薩)若在「房室」(與婇女相娛樂之時)： 當願眾生，(能改)入「賢聖」地，永離「欲穢」。	(在家菩薩)若在「宮室」(與婇女相娛樂之時)： 當願眾生，(能改)入於「聖地」，永除「穢欲」。 ❻
柒 (在家菩薩若)見諸「婇女」(之時)： 當願眾生，棄捐「色愛」(色欲貪愛)，無「婬姝」態。	柒 (在家)菩薩(若)在「婇女」中(而自)相娛樂(之)時，(應常)心念言： (願)十方天下人，皆使悉入「佛經」中，拔棄於「婬洪」。	陸 (在家菩薩若)著寶「瓔珞」(之時)： 當願眾生，(能)捨離(煩惱)重擔，(越)度「有無」(相對立之生死)岸。	陸 (在家菩薩若)著「瓔珞」(之)時： 當願眾生，(能)捨諸(瓔珞的)「偽飾」(虛假矯飾)，到(達)「真實」處。 ❼
捌 (在家菩薩)若上(昇)「樓閣」(之時)： 當願眾生，皆昇「法堂」，受佛「諸經」。	捌 (在家)菩薩(若)在(上昇)「樓上」(之)時，(應常)心念言： (願)十方天下人，皆使上(昇)「佛經講堂」上，悉受「諸經」，無有(人)與(之)等者。	捌 (在家菩薩)若上(昇)「樓閣」(之時)： 當願眾生，(能上)昇「佛法堂」，(獲)得微妙法。	捌 (在家菩薩若)上昇「樓閣」(之時)： 當願眾生，(能上)昇「正法樓」，徹見(於)一切。 ❽
拾 (在家菩薩若)身在「房室」(娛樂之時)： 當願眾生，覺知(色身之)「惡露」，無有更樂。	(比對內容在後面)	(比對內容在後面)	(比對內容在後面)
玖	玖	玖	玖

(在家菩薩若於)「布施」所有(寶物之時)：當願眾生，興(造)福(德而)救之，莫墮(於)「慳貪」。	(在家)菩薩(若於)「布施」(之)時，(應常)心念言：(願)十方天下人，皆使諸所有，但欲「施與」(他)人，(而)無有「貪愛」者。	(在家菩薩若於)布施所珍(重之物時)：當願眾生，悉捨(於)一切，心無貪著。	(在家菩薩)若有所(布)施(之時)：當願眾生，(於)一切(皆)能捨，心無愛著。 ❾
(比對內容在上面)	⑩ (在家)菩薩(若)與妻子「恩愛」時，(應常)心念言：(願)十方天下人，皆使早(解)脫(而)去，於「婬泆、惡露」悉棄捐，令覺知(而)入「虛空」(虛無與空性之法)中。	⑩ (在家菩薩)若在「聚會」(之時)：當願眾生，(獲)究竟(之)解脫，到「如來」(之)處。	⑩ (在家菩薩若於)眾會「聚集」(之時)：當願眾生，捨「眾聚」(之)法，成(就)「一切智」。 ❿
⑪ (在家菩薩)若(於)患厭(患惡厭離)「家」(之時)：當願眾生，疾得解脫，無所拘綴繫(拘禁牽綴)。	⑪ (在家)菩薩(若)患厭(患惡厭離)「家」中(之)時，(應常)心念言：(願)十方天下人，皆使早得「脫解」，無所復(被)拘著(拘禁繫著)。	⑪ (在家菩薩)若在(家感受到)「危難」(之時)：當願眾生，隨意自在，無所罣礙。	⑪ (在家菩薩)若在(家感受到)「厄難」(之時)：當願眾生，隨意自在，所行無礙。 ⓫

卍關於「五欲」的原始定義經論解釋

https://drive.google.com/file/d/1oYo4RtN82t3DcKgbMqybg2bh4P1Xp2Bk/view?usp=share_link

《增壹阿含經》卷 12

「欲」有何味？所謂「五欲」者是。云何為五？

眼見色，為起眼識，甚愛敬念，世人所喜。

若耳聞聲、鼻嗅香、舌知味、身知細滑，甚愛敬念，世人所喜。

若復於此「五欲」之中，起「苦、樂」心，是謂「欲」味。

《增壹阿含經》卷 23〈31 增上品〉

云何名為「欲流」？所謂「五欲」是也。

云何為五？所謂

若「眼見色」起「眼色」想。

若「耳聞聲」起「識想」。

若「鼻嗅香」起「識想」。

若「舌知味」起「識想」。

若「身知細滑」起「識想」。

是謂名為「欲流」。

《中阿含經》卷 52

阿奇舍那！如是「天」及「人」，貪「欲樂」著，謂在「五欲」，色、聲、香、味、觸。

《增壹阿含經》卷 27

設賢聖弟子成就「無放逸」者，則不為「色、聲、香、味、細滑」之所拘繫（拘執繫縛）。

以不為「五欲」所繫，則能分別「生、老、病、死」之法，勝魔「五力」，不墮魔境界，度諸畏難，至無為之處。

《眾許摩訶帝經》卷 4

淨飯王問阿誐多曰：太子出外，有何所見？

爾時阿誐多具説上事。王既聞已，恐子「出家」，復令宮中以「五欲」樂娛侍太子。即説偈言：「色、聲、香、味、觸」最妙，娛樂深宮太子情；若生「愛樂」而貪著，應不「出家」求「覺道」。

《太子瑞應本起經》卷2

五欲：眼貪色，耳貪聲，鼻貪香，舌貪味，身貪細滑。

《大智度論》卷17

「五欲」者，名為妙「色、聲、香、味、觸」；欲求禪定，皆應棄之。

唐·玄奘譯《阿毘達磨集異門足論》卷11

「五妙欲」者：

一「眼」所識「色」，可愛、可樂、可憙、可意，此可愛「色」能引諸欲，隨順染著，名眼所識「色」妙欲。

二「耳」所識「聲」，可愛、可樂、可憙、可意，此可愛「聲」能引諸欲，隨順染著，名耳所識「聲」妙欲。

三「鼻」所識「香」，可愛、可樂、可憙、可意，此可愛「香」能引諸欲，隨順染著，名鼻所識「香」妙欲。

四「舌」所識「味」，可愛、可樂、可憙、可意，此可愛「味」能引諸欲，隨順染著，名舌所識「味」妙欲。

五「身」所識「觸」，可愛、可樂、可憙、可意，此可愛「觸」能引諸欲，隨順染著，名身所識「觸」妙欲。

《小品般若波羅蜜經》卷10

又，善男子！應覺魔事。「惡魔」或時為説法者，作諸因緣，令受好妙「色、聲、香、味、觸」。説法者以「方便」力，故受是「五欲」。汝於此中，莫生不淨之心。

《佛説佛母出生三法藏般若波羅蜜多經》卷23

常應覺知所有「魔事」，或時「惡魔」有因緣故，於説法者，以好上妙「色、聲、香、味、觸」而為「供養」，彼説法者，以「方便」力故受是「五欲」。

《正法華經》卷2

覩見「三界」然熾之宅……教諸萌類，滅「三界」火、「婬怒癡」縛，「色、聲、香、味、細滑」之法，三處「五欲」，「五欲」燒人。

《大寶積經》卷112

如是迦葉！有沙門婆羅門……是人有時或念好「色、聲、香、味、觸」，貪心樂著，而不觀「內」，不知云何當得離「色、聲、香、味、觸」。以「不知」故，有時來入城邑聚落，在「人眾」中，還為好「色、聲、香、味、觸」五欲所縛。以「空閑」處持「俗戒」故，死得生「天」，又為天上「五欲」所縛，從「天上」沒，亦不得脫於「四惡道」地獄、餓鬼、畜生、阿修羅道，是名比丘「如犬逐塊」。

《佛說大乘菩薩藏正法經》卷21〈7 持戒波羅蜜多品〉

「五欲」所謂「眼觀色、耳聽聲、鼻嗅香、舌了味、身覺觸」。

唐‧實叉難陀《大方廣佛華嚴經‧卷十九‧昇夜摩天宮品》

佛子！何等為菩薩摩訶薩「饒益行」（十行菩薩階位中的第二行）？此菩薩護持淨戒，於「色、聲、香、味、觸」，心無所著……此「五欲」者，是障道法，乃至障礙無上菩提。是故不生一念「欲」想，心淨如佛……爾時，菩薩但作是念：一切眾生，於長夜中，想念「五欲」，趣向「五欲」，貪著「五欲」；其心決定耽染沈溺，隨其流轉……佛子！是名菩薩摩訶薩「第二饒益行」。

把「五欲」解釋成「財、色、食、名、睡」的來由：

《佛光大辭典》說出自：

❶唐・澄觀撰《華嚴經隨疏演義鈔・卷二十七》。

❷明・一如編纂《大明三藏法數・卷二十四》。

(1)實際上查遍 CBETA，澄觀撰《華嚴經隨疏演義鈔・卷二十七》中並沒有「五欲」
   解釋成「財、色、名、食、睡」的證據。

(2)查 CBETA，《大明三藏法數・卷二十四》中也沒有「五欲」解釋成「財、色、名、
   食、睡」的證據，實際上是在《大明三藏法數・卷十八》中才發現這個資料，但
   「五欲」的說法並沒有說清楚在是《華嚴經隨疏演義鈔》中的第幾卷？

(3)《佛光大辭典》說是出自《華嚴經隨疏演義鈔・卷二十七》與《大明三藏法數・
   卷二十四》，這兩個資料都是錯誤的，找不到的。

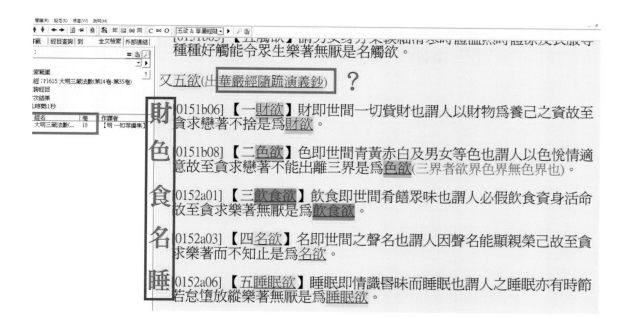

又五欲(出 華嚴經隨疏演義鈔) ？

[0151b06]【一財欲】財即世間一切貨財也謂人以財物為養己之資故至貪求戀著不捨是為財欲。

[0151b08]【二色欲】色即世間青黃赤白及男女等色也謂人以色悅情適意故至貪求戀著不能出離三界是為色欲(三界者欲界色界無色界也)。

[0152a01]【三飲食欲】飲食即世間看饌眾味也謂人必假飲食資身活命故至貪求樂著無厭是為飲食欲。

[0152a03]【四名欲】名即世間之聲名也謂人因聲名能顯親榮己故至貪求樂著而不知止是為名欲。

[0152a06]【五睡眠欲】睡眠即情識昏昧而睡眠也謂人之睡眠亦有時節若怠惰放縱樂著無厭是為睡眠欲。

十四－6 菩薩「出家」修行，於「捨家、入僧坊、詣大小師、求請出家、脫去俗服、剃除鬚髮、受著袈裟、受出家法」時，約有 8 願

吳·支謙譯《佛說菩薩本業經》	西晉·聶道真譯《諸菩薩求佛本業經》	東晉·佛馱跋陀羅譯六十《華嚴經·淨行品》	唐·實叉難陀譯八十《華嚴經·淨行品》
(文殊師利菩薩告智首菩薩云：)	(文殊師利菩薩告智首菩薩云：)	(文殊師利菩薩告智首菩薩云：)	(文殊師利菩薩告智首菩薩云：)
壹	壹	壹	壹
(在家菩薩)若棄家(而)出(家)：當願眾生，(遠)離「苦惱」罪，從正(道而)得安(穩)。	(在家)菩薩(於)棄家(而)行「學道」(之)時，(應常)心念言：(願)十方天下人，皆使得出(離而)去，莫復還入「愛欲」中，無所復貪(戀)。	(在家菩薩)以「信」(重三寶而)「捨家」(之時)：當願眾生，棄捨「世業」，心無所著。	(在家菩薩)捨「居家」(之)時：當願眾生，出家無礙，心得解脫。❶❷
貳	貳	貳	貳
(菩薩若)入「佛宗廟」(之時)：當願眾生，(親)近「佛行」(之)法，無復罣礙。	若菩薩到「佛寺」(之)時，(應常)心念言：(願)十方天下人，皆使但「念佛」，悉入(於)「諸經」中，無所復「罣礙」。	(菩薩)若入「僧坊」(之時)：當願眾生，一切(皆)「和合」，心無「限礙」(限制障礙)。	(菩薩若)入「僧伽藍」(之時)：當願眾生，(能)演說種種無「乖諍」(乖違鬥諍)法。❶❸
參	參	參	參
(菩薩若)詣「師、友」(法師、道友)所(之時)：當願眾生，開達(開曉通達而)入正(道)，悉得(令)如(滿)願。	菩薩(若)至(法)師「和上」(處)所時，(應常)心念言：(願)十方天下人，皆使心所(而)「念善」，(令)無有「不得」者，悉(能)入(於)「正經」	(菩薩若)詣「大、小」師(之時)：當願眾生，開「方便」門，深入(於)「法要」。	(菩薩若)詣「大、小」師(之時)：當願眾生，巧事(善巧事奉)「師長」，習行(於)「善法」。❶❹

	中。		
㊃ (在家菩薩若)請求「捨罪」(而出家之時)：當願眾生，得成就志，(修)學(而)不(於)中(而生)「悔」。	㊃ (在家)菩薩(若)索作「沙門」時，(應常)心念言：(願)十方天下人，皆使所至(而)到(達)，悉令得成就，莫復(於)中(而生)「悔止」。	㊃ (在家菩薩)求「出家」法(之時)：當願眾生，得不退轉，心無障礙。	㊃ (在家菩薩)求請「出家」(之時)：當願眾生，得不退法，心無障礙。❶❺
㊄ (在家菩薩於)脫去「白衣」(之時)：當願眾生，解道(而)修德，無有懈怠。	㊄ (在家)菩薩(於脫)去「白衣」(之時)，(應常)心念言：(願)十方天下人，皆使(能)極照明於「功德」中，莫令有「懈怠」。	㊄ (在家菩薩若)脫去「俗服」(之時)：當願眾生，解道(而)修德，無復懈怠。	㊄ (在家菩薩)脫去「俗服」(之時)：當願眾生，勤修善根，捨諸「罪軛」(罪業羈軛)。❶❻
㊆ (在家菩薩於)受著「袈裟」(之時)：當願眾生，被(ㄆ一)「法服」(而)行，心無沾污。	㊆ (在家)菩薩(於)受「袈裟」(之)時，(應常)心念言：(願)十方天下人，皆使無所「沾污」，持心(而)如佛。	㊅ (在家菩薩若)除鬚髮(之時)：當願眾生，斷除煩惱，究竟(獲)「寂滅」。	㊅ (在家菩薩若)鬚髮(之時)：當願眾生，永離煩惱，究竟(獲)「寂滅」。❶❼
㊅ (在家菩薩於)除剔(ㄊ一)鬚髮(之時)：當願眾生，除捐(減除棄捐)「飾好」(莊飾美好)，無有「眾勞」(諸	㊅ (在家)菩薩剃頭髮(之)時，(應常)心念言：(願)十方天下人，皆使「垢濁」悉除去，	㊆ (在家菩薩於)受著「袈裟」(之時)：當願眾生，捨離「三毒」，心得歡喜。	㊆ (在家菩薩於)著「袈裟」衣(之時)：當願眾生，心無所染，(能)具(如來)「大仙」(之)道。

重塵勞)。	莫復與(煩惱而)共會。		⑱
⑧ (菩薩若)已作「沙門」(之時)：當願眾生，(能)受行「佛意」，開導(開示指導於)天下。	⑧ 菩薩(若於)作「大沙門」(之)時，(應常)心念言：(願)十方天下人，皆使還(得)「漚X 和拘舍羅」(Upāya-kauśalya 方便)波羅蜜，悉得(一切諸)經。	⑧ (菩薩若)受「出家」法(之時)：當願眾生，如(同)佛(陀之)出家(一樣)，(能)開導(開示指導)一切(眾生)。	⑧ (菩薩若)正「出家」(之)時：當願眾生，(如)同佛(陀之)出家(一樣)，(能)救護一切(眾生)。 ⑲

十四－7 菩薩「出家」修行，於「自歸於佛;法;僧、受持淨戒、受阿闍梨教導、受和尚教導、受具足戒」時，約有 7 願

吳・支謙譯 《佛説菩薩本業經》	西晉・聶道真譯 《諸菩薩求佛本業經》	東晉・佛馱跋陀羅譯 六十《華嚴經・淨行品》	唐・實叉難陀譯 八十《華嚴經・淨行品》
		(文殊師利菩薩告智首菩薩 云：) 壹 (菩薩若)自歸於「佛」 (之時)： 當願眾生，(能)體解 大道，發「無上意」。	(文殊師利菩薩告智首菩薩 云：) 壹 (菩薩若)自歸於「佛」 (之時)： 當願眾生，(能)紹隆 (紹繼興隆)佛種(諸佛種 性)，(令)發「無上 意」。 **20**
		貳 (菩薩若)自歸於「法」 (之時)： 當願眾生，(能)深入 經藏，智慧如海。	貳 (菩薩若)自歸於「法」 (之時)： 當願眾生，(能)深入 經藏，智慧如海。 **21**
(菩薩若)受「成就戒」 (之時)： 當願眾生，得道方 便，(智)慧度「無極」 (pāramitā 波羅蜜)。	菩薩(若)作(出家)「沙 門」(之)時，(應常)心 念言： (願)十方天下人，皆 使(於)作「沙門」(之) 時，令(皆)如佛(陀一 樣)，悉(能)度(脱)十 方天下人。	參 (菩薩若)自歸於「僧」 (之時)： 當願眾生，(能)統理 大眾，(於)一切(皆) 無礙。	參 (菩薩若)自歸於「僧」 (之時)： 當願眾生，(能)統理 大眾，(於)一切(皆) 無礙。 **22**
肆 (菩薩於)守護「道禁」	肆 菩薩(於)持戒(之)	肆 (菩薩若)受持「淨戒」	肆 (菩薩若)受學「戒」(之)

(佛道的禁戒)： 當願眾生，皆奉「法律」，不犯「法教」。	時，(應常)心念言： (願)十方天下人，皆使護持「禁戒」，莫令犯(而)「如法」(持戒)。	(之時)： 當願眾生，(能)具足修習，學一切戒。	時： 當願眾生，(能)善學於戒，不作「眾惡」。 ❷❸
		(伍) (菩薩若)受行「道禁」(佛道的禁戒)： 當願眾生，具足「道戒」，修「如實」業。	(伍) (菩薩若)受「闍梨」教(導之時)： 當願眾生，具足威儀，所行(皆)真實。 ❷❹
(陸) (菩薩若)始(歸)受(於)「和上」(之時)： 當願眾生，令如「禪」(淨之)意，(與)思惟「解脫」。	(陸) 菩薩(若歸)受(於)「和上」(之)時，(應常)心念言： (願)十方天下人，皆使(其心)念所知(如)「禪」(淨之意)，(獲)極過度(越過度脫)，無所一罣礙。	(陸) (菩薩於)始請「和尚」(之時)： 當願眾生，得「無生智」，到於「彼岸」。	(陸) (菩薩若)受「和尚」教(導之時)： 當願眾生，入「無生智」，到「無依處」(此指無所依的「涅槃道」彼岸)。 ❷❺
(菩薩若)受「大、小」師(之時)： 當願眾生，(能)承佛(之)聖教，所受(而)不忘。	菩薩(若)受「師」(之)時，(應常)心念言： (願)十方天下人，皆使所作悉為「狎習」(狎昵修習)，如所教法(恒)持(而)不失。	(柒) (菩薩若)受「具足戒」(之時)： 當願眾生，(能)得「勝妙」法，成就「方便」。	(柒) (菩薩若)受「具足戒」(之時)： 當願眾生，具諸「方便」，得「最勝」法。 ❷❻
(壹) (菩薩若)自歸於「佛」(之時)： 當願眾生，(能)體解	(壹) 菩薩(若)自歸於「佛」(之)時，(應常)心念言：		

大道，發「無上意」。	(願)十方天下人，皆使無不歡樂於「佛法」，悉生「極好」處。		
㉒ (菩薩若)自歸於「法」(之時)： 當願眾生，(能)深入經藏，智慧如海。	㉒ 菩薩(若)自歸於「經」(之)時，(應常)心念言： (願)十方天下人，皆使無不得深(入於)「經藏」，所得「智慧」如大海。		
㉓ (菩薩若)自歸於「僧」(之時)： 當願眾生，(能)依附(於)「聖眾」，從「正」(而)得度。	㉓ 菩薩(若)自歸於「僧」(之)時，(應常)心念言： (願)十方天下人，皆使無不得「依度」(歸依與度脫)，如「比丘僧」(之)有所「依度」(一般)，(並)樂於「佛道德」。		

十四－8 菩薩若於「開門戶、關門戶、入房舍、敷床座、正身端坐、跏趺坐、入大眾、數息觀、三昧正受、觀察諸法、捨跏趺坐」時，約有 11 願

吳·支謙譯《佛說菩薩本業經》	西晉·聶道真譯《諸菩薩求佛本業經》	東晉·佛馱跋陀羅譯六十《華嚴經·淨行品》	唐·實叉難陀譯八十《華嚴經·淨行品》
(文殊師利菩薩告智首菩薩云：)	(文殊師利菩薩告智首菩薩云：)		
壹 (菩薩)凡(於)「開門戶」(之時)： 當願眾生，開現「道法」，(以)至於「泥洹」。	壹 菩薩(若於)「開戶」(之)時，(應常)心念言： (願)十方天下人，皆使早開「天門」(而)入「佛經門」，莫復(於佛門再生)「厭還」者，及(能)自到(至)「佛泥洹」道。 27		
貳 (菩薩若於)關閉「門戶」(之時)： 當願眾生，(能)閉塞「惡道」，(諸)罪(皆)得除盡。 28	(比對內容在後面)		
參 (菩薩若於)「入室」(中之時)： 當願一切眾生，(獲)「安隱」寂寞(之境)，得「止、觀」(之)意。	參 菩薩(若於)「入室」中(之)時，(應常)心念言： (願)十方天下人，皆使得度脫，(其)所居	參 (菩薩)若入(於)「房舍」(之時)： 當願眾生，(皆能上)昇「無上」堂，(獲)得「不退」法。	參 (菩薩)若入「堂宇」(之時)： 當願眾生，(皆能上)昇「無上」堂，安住(於)「不動」(法)。

	止處，早(能)如佛(之)所止處；早逮(到；及)得「深經」，(那麼即能於)眾「阿羅漢、辟支佛」(中)所不能及。 (所居止處如果能同於「佛」所住一樣，那麼即是入「大乘深經」之法，此已非「二乘」人所能及之境) 貳 菩薩(若於)「閉戶」(之)時，(應常)心念言： (願)十方天下人，皆使早(能)閉塞「惡道門」，諸所有「宿命」(之)惡(業)悉(皆)燒盡。		29
肆 (菩薩若於)「敷床」(之時)： 當願一切眾生，(能)入「大乘」道，濟安(得濟而安穩於)天下。	肆 菩薩(若於)「敷床」(之)時，(應常)心念言： (願)十方天下人，皆使早入至「深經」中，悉視十方人(如)「虛空」(般)。 (視十方眾生皆如「空性、空相」的意思，無我人眾生壽者)	肆 (菩薩)若(於)「敷床座」(之時)： 當願眾生，敷善「法座」，(得)見「真實」相。	肆 (菩薩)若(於)「敷床座」(之時)： 當願眾生，開敷(開展敷張)善法，(得)見「真實」相。 30
伍	伍	伍	伍

（菩薩若於）「宴坐」（之時）： 當願一切眾生，（皆）坐「佛道樹」，心無所（依）猗ㄜˇ。	菩薩（若於端身正）「坐」（之）時，（應常）心念言： （願）十方天下人，皆使「坐」安，如佛（之）坐於「師子座」上（之）時，莫令心有所（執）著。	（菩薩若於）「正身」端坐（之時）： 當願眾生，（皆）坐「佛道樹」，心無所（依）倚ㄧˇ。	（菩薩若於）「正身」端坐（之時）： 當願眾生，（皆）坐「菩提座」，心無所（執）著。 ㉛
	㈥ 菩薩（若於）「正坐」（之）時，（應常）心念言： （願）十方天下人，皆使入「正功德」中，無令有「狐疑」（心），（要善根堅固，而不生）增、減（於）佛經中。	㈥ （菩薩若於）結「跏趺坐」（之時）： 當願眾生，「善根」堅固，得「不動地」。	㈥ （菩薩若於）結「跏趺坐」（之時）： 當願眾生，「善根」堅固，得「不動地」。 ㉜
㈦ （菩薩若於）入眾（之時）： 當願一切眾生，成（就）「戒、定、慧、解度、（解脫）知見」。 ㉝			
㈧ （菩薩若於）「數息」（觀修之時）： 當願一切眾生，得捨（俗）家中，無「世間」（之）念。 (ānāpāna 安般：安那般那；出入息念：數息觀。「安那」	㈧ 菩薩（若於）「喘息」（觀修之）時，（應常）心念言： （願）十方天下人，皆使「喘息」定（應指修「安那般那」的禪觀定法），成（就）「止」足。		

即爲「入息」的吸氣，「般那」即爲「出息」的呼氣。以「計數」自己之「出息、入息」來對治「散亂妄想」，令心能收攝於一境上）	**34** （唐‧不空譯《瑜伽蓮華部念誦法》云： 端身正念，入三摩地。舌拄上腭，止諸攀緣。觀內外一切法皆無所有。 若妄念多者應先「數息」。「數息」法，從一息至七息。又從一至七，相續不絕。 心無攀緣，即不須「數息」。深入清淨無所有處）		
㊤ （菩薩若於）**守意**（正定之時）： 當願一切眾生，心不放逸，無有雜念。		㊤ （菩薩若於）「**三昧正受**」（之時）： 當願眾生，（一心）向「三昧」門，得「究竟定」。	㊤ （菩薩若）**修行於「定」**（之時）： 當願眾生，以「定」（而）伏心，（得）「究竟無餘（此指得「究竟解脫」的「無餘」涅槃道）。 **35**
㊦ （菩薩若於）**早起**（作「觀修」之時）： 當願一切眾生，覺識非常（覺悟諸心識皆是「無常」的），（應）興精進（之）意。	㊦ 菩薩（若於）**佪**（想意念（修）**觀**（之）時，（應常）心念言： （願）十方天下人，皆使當作是念：見「無常」法。	㊦ （菩薩若於）**觀察諸法**（之時）： 當願眾生，見法（之）「真實」（理），無所罣礙。	㊦ （菩薩）**若修於「觀」**（之時）： 當願眾生，見「如實」理，永無乖諍（乖違鬥諍）。 **36**
	㊛ 菩薩（若於）「**起坐**」（之）時，（應常）心念言： （願）十方天下人，皆使（其）所見（的）「虛	㊛ （菩薩若於）捨「**跏趺坐**」（之時）： 當願眾生，知「諸行」（之）性，悉（皆）歸（於）散滅。	㊛ （菩薩若於）捨「**跏趺坐**」（之時）： 當願眾生，觀「諸行」（之）法，悉（皆）歸（於）散滅。

	空」法，無有不(得)「了知」者。		37

十四－9 菩薩若於「下床足蹈、舉足、披著衣裳、整服繫帶、披著上衣、披著僧伽梨」時，約有 6 願

吳‧支謙譯 《佛說菩薩本業經》	西晉‧聶道真譯 《諸菩薩求佛本業經》	東晉‧佛馱跋陀羅譯 六十《華嚴經‧淨行品》	唐‧實叉難陀譯 八十《華嚴經‧淨行品》
（文殊師利菩薩告智首菩薩云：）	（文殊師利菩薩告智首菩薩云：）	（文殊師利菩薩告智首菩薩云：）	（文殊師利菩薩告智首菩薩云：）
〔壹〕 （菩薩若於）下床（足蹈地之時）： 當願一切眾生，履踐（履行實踐）佛迹（如來行迹），心不動搖。	〔壹〕 菩薩（若於下床）足蹈地（之）時，（應常）心念言： （願）十方天下人，皆使住（於）「安隱」，不復動搖。	〔壹〕 （菩薩若於）下床安足（之時）： 當願眾生，履踐（履行實踐）聖迹（聖賢之行迹），不動（而）解脫。❸❽	〔壹〕 （菩薩若於）下（床）足住（之）時： 當願眾生，心得解脫，安住（而）不動。❸❽
		〔貳〕 （菩薩若）始「舉足」（之）時： 當願眾生，越度（超越度脫）生死，善法滿足。	〔貳〕 （菩薩）若（始）舉於足（之時）： 當願眾生，出生死海，具眾善法。❸❾
〔參〕 （菩薩若）著裳（之時）： 當願一切眾生，常知「慚愧」，攝意（攝護心意）守道。	〔參〕 菩薩著（著）「泥洹僧」（《翻梵語‧卷三》云：舊譯曰「方衣」。持律者云：解脫衣。「聲論」者云：正外國音，應言「尼婆那」，翻為「君衣」）時，（應常）心念言： （願）十方天下人，皆使「撿持」（撿點任持）功德，悉（生慚）愧（於）於世間諸所（擁）有（物），（並）早令得佛	〔參〕 （菩薩若）被著「衣裳」（之時）： 當願眾生，服諸善根，每知「慚愧」。	〔參〕 （菩薩若）著下帬（古同「裙」）時： 當願眾生，服諸善根，具足「慚愧」。❹⓿

欄一	欄二	欄三	欄四
肆 (菩薩若於衣服)結「帶」(之時): 當願一切眾生,束帶(而)修善,(修道心)志「無解」(無有解消與散除)已。	道。 肆 菩薩(若於衣服)繫「帶」(之)時,(應常)心念言: (願)十方天下人,皆使(集)結諸功德,悉令堅(固)。	肆 (菩薩若)整服「結帶」(之時): 當願眾生,自檢(自我檢點約束)修道,不壞「善法」。	肆 (菩薩若)整衣「束帶」(之時): 當願眾生,檢束(檢點約束)「善根」,不令散失。 ❹❶
伍 (菩薩若)次著「中衣」(應是指「中價衣」,又名「上衣」): 當願眾生,(具)恭敬畏慎,無有慢墮(驕慢懈墮)。 (另一種僧衣名為 antarvāsa 中衣;安陀羅跋薩;中宿衣;內衣;五條衣。為日常工作時或就寢時所穿著之貼身衣)	伍 菩薩(若)被ヽ「安和」(之)時,(應常)心念言: (願)十方天下人,皆使「重益」(重重利益)得(於)諸功德,悉入(於)「諸經」中,(獲)極過度(越過度脫)去。	伍 (菩薩若)次著「上衣」(uttarāsaṅga 上衣;中價衣;入眾衣;欝多羅僧。禮拜、聽講、布薩時所穿用,由七條布片縫製而成,又稱七條衣): 當願眾生,得上善根,(獲)究竟「勝法」。	伍 (菩薩)若著「上衣」(之時): 當願眾生,獲勝善根,(能)至法(之究竟)「彼岸」。 ❹❷
陸 (菩薩若)被ヽ上「法服」(之時): 當願眾生,服「聖表」(聖人表法之)式,(能)敏於「道行」。	陸 菩薩(若)被ヽ「震越」(Cīvara)時,(應常)心念言: (願)十方天下人,皆使常樂喜於「佛經」,未曾有離時。	陸 (菩薩若)著「僧伽梨」(Saṃghāti 大衣;重衣;雜碎衣;高勝衣。正裝衣,上街托缽時,或奉召入王宮時所穿之衣,由九至二十五條布片縫製而成,又稱九條衣): 當願眾生,(獲)大慈(之)覆護,得「不動法」。	陸 (菩薩若)著「僧伽梨」(之時): 當願眾生,入「第一位」,得「不動法」。 ❹❸

	cīvara 圆 襤衣の襤 圆 乞食僧の衣(特に佛教徒の); 灰衣 衣, 上衣, 衣服, 上着衣; 袈裟 [kāsāya の 灰衣] Divy., Av-ś, Ast-pr., Vajr-pr., Saddh-p., Bodh-c., Sūtr., Madhy-vibh., Bodh-bh., Muyut., 無垢稱, 光讚; 灰衣 支伐羅 縒越 Divy., Vajr-pr., 無量; antarottara～ 上下衣 Prāt-m. Ⅳ. 7.; akhinṣ ispanna～ 得衣 P-āt-m. Ⅳ. 6.; ekāṁsena～z ūṇi prāvṛtya 偏袒右肩 Suv-pr. 57.; ekāṁse～z ṃ prāvṛtya 偏覆左肩 Sapt-pr.240.		

十四－10 菩薩若於「手執楊枝、晨嚼楊枝、漱齒洗口、大小便利、便利後而就水處、以水滌穢、以水盥掌、以水澡面」時，約有 8 願

吳·支謙譯《佛説菩薩本業經》	西晉·聶道真譯《諸菩薩求佛本業經》	東晉·佛馱跋陀羅譯 六十《華嚴經·淨行品》	唐·實叉難陀譯 八十《華嚴經·淨行品》
	（文殊師利菩薩告智首菩薩云：）	（文殊師利菩薩告智首菩薩云：）	（文殊師利菩薩告智首菩薩云：）
（比對內容在後面）	壹 菩薩（若）持「楊枝」（之）時，（應常）心念言： （願）十方天下人，皆使學「諸經」，悉「淨潔」（而）得。	壹 （菩薩若）手執「楊枝」（之時）： 當願眾生，心得「正法」，自然清淨。	壹 （菩薩若）手執「楊枝」（之時）： 當願眾生，皆得妙法，究竟清淨。 ❹❹
		貳 （菩薩若於）晨嚼「楊枝」（之時）： 當願眾生，得「調伏」牙，（能吞）噬諸煩惱。	貳 （菩薩若於晨）嚼「楊枝」（之）時： 當願眾生，其心（得）調淨，（能吞）噬諸煩惱。 ❹❺
（比對內容在後面）	參 菩薩（若）「漱齒洗口」（之）時，（應常）心念言： （願）十方天下人，皆使諸「垢濁」，悉淨潔（而）去，（於）清淨（而）住。 ❹❻	（比對內容在最後一行）	
肆	肆	肆	肆

（菩薩若於）「左右便利」（之時）： 當願眾生，蠲（圈）除污穢，無「婬、怒、癡」。	菩薩（若於）「左右」（便利之）時，（應常）心念言： （願）十方天下人，皆使棄眾惡，斷絕「婬泆、瞋恚、愚癡」。	（菩薩若於）「左右便利」（之時）： 當願眾生，蠲（圈）除污穢，無「婬、怒、癡」。 ❹❼	（菩薩若於）「大小便時」（之時）： 當願眾生，棄「貪、瞋、癡」，蠲除罪法。 ❹❼
㊄ （菩薩若於便利）已而就「水」（處之時）： 當願眾生，（具）柔和軟弱，清淨「謹飾」（謹慎審飾）。	㊄ 菩薩（若於便利後）行至「水」（處之）時，（應常）心念言： （願）十方天下人，皆使（向）上「佛經」，悉（獲）淨潔。	㊄ （菩薩若於便利）已而就「水」（處之時）： 當願眾生，向「無上道」，得「出世法」。	㊄ （菩薩若於便利）事訖（而）就「水」（處之時）： 當願眾生，（於）「出世法」中，（能）速疾而往。 ❹❽
㊅ （菩薩若）用水既「淨」（之時）： 當願眾生，以「法」（而）自洗，無復「惡態」。	㊅ 菩薩（若）持「水」（而淨）行（之）時，（應常）心念言： （願）十方天下人，皆使無不「謹勅（謹慎自勅）、軟好（軟美絕好）」，心（具）淨潔。	㊅ （菩薩若）以水「滌穢」（之時）： 當願眾生，具足「淨忍」（清淨之忍法），畢竟無垢。	㊅ （菩薩若）洗滌「形穢」（之時）： 當願眾生，清淨調柔，畢竟無垢。 ❹❾
⑴ （菩薩若）手執「楊枝」（之時）： 當願眾生，學以「法句」（佛法句義），擿（茥）（除）去諸垢。	（比對內容在上面）	（比對內容在上面）	（比對內容在上面）
⑶ （菩薩若）「澡漱口齒」（之時）：	（比對內容在前面）	（比對內容在最後一行）	

當願眾生，蕩滌(蕩 躕耳 滌除)情性(凡情染 性)，如「清淨」(而) 住。			
(柒) (菩薩若)「盥手」(之時)： 當願一切眾生，得 「軟淨掌」，(能)執受 「經道」(佛經道法)。	(柒) 菩薩(若)「澡手」(之) 時，(應常)心念言： (願)十方天下人，皆 使(妙手)「軟好」(軟美 絕好)，手(能)取「諸經 道法」。	(柒) (菩薩若)以水「盥掌」 (之時)： 當願眾生，得「上妙 手」，(能)受持「佛 法」。	(柒) (菩薩若)以水「盥掌」 (之時)： 當願眾生，得「清淨 手」，(能)受持「佛 法」。 ⑳
(捌) (菩薩若以水)「澡面」(之 時)： 當願一切眾生，常 向清淨，心無瑕疵 疒。	(捌) 菩薩(若以水)「洗面」 (之)時，(應常)心念 言： (願)十方天下人，皆 使入「佛經道(法)」，「面門」莫令有瑕 穢。		(捌) (菩薩若)以「水洗面」 (之時)： 當願眾生，得淨法 門，永無垢染。 ㉑
		(參) (菩薩若)「澡漱口齒」 (之時)： 當願眾生，向「淨法 門」，(獲)究竟解脫。	

十四－11 菩薩若於「行持錫杖、執持缽器、出門舍、發心向道、正在修道、涉路而去、行道於高路、行道於下路、行道於斜曲路、行道於直路」時，約有 10 願

吳・支謙居士譯 (約 **222~253** 間譯出) 《佛說菩薩本業經》 距今約 1800 年了	西晉・聶道真居士譯 (曾擔任竺法護【**231~308**】譯經的「筆受」職務多年) 《諸菩薩求佛本業經》 距今約 1700 年了	東晉・佛馱跋陀羅譯 公元 **421** 年譯出 六十《華嚴經・淨行品》 距今約 1600 年了	唐・實叉難陀譯 公元 **699** 年譯出 八十《華嚴經・淨行品》 距今約 1300 年了
(文殊師利菩薩告智首菩薩云：)	(文殊師利菩薩告智首菩薩云：)	(文殊師利菩薩告智首菩薩云：)	(文殊師利菩薩告智首菩薩云：)
(複製十四-20貳) (菩薩若)行持「錫杖」(之時)： 當願眾生，依「仗」於法，分流(分布流通)德化(道德教化)。 (依「法」為師，以「法」為一個「杖」的依止處)	(複製十四-20貳) 菩薩(若)見持「錫杖」(之)時，(應常)心念言： (願)十方天下人，皆使常「作善」，為人所(尊)仰，常欲施與人，教人為「善法」。	壹 (菩薩若)手執「錫杖」(之時)： 當願眾生，(廣)設(清)淨(之)「施會」(布施供養之會)，(令)見道「如實」(之境)。 (此與乞食時要執持錫杖有關)	壹 (菩薩若)手執「錫杖」(之時)： 當願眾生，設大「施會」(布施供養之會)，(令)示「如實」(之)道。 ❺❷
(複製十四-20參) (菩薩若)挾依持(挾依執持)「應器」(pātra 缽多羅；食缽之器；接受應供的食器)： 當願眾生，受(恩)而知(所)施(之惠)，修「六重法」。 (《長阿含經・卷九》云：云何六成法？謂六重法：若有比丘修六重法，可敬可重，和合於眾，無有諍訟，獨行無雜。云何六？於是，比丘身常行慈，敬梵行者，住仁愛心，名曰重法，	(複製十四-20參) 菩薩(若見執)持「鉢」(之)時，(應常)心念言： (願)十方天下人，皆使多所「饋(饋贈)遺(遺施)」，悉受所(有的)供養，皆(能)入於「無底」(之)功德中。	貳 (菩薩若)擎持(擎舉執持)「應器」(之時)： 當願眾生，成就「法器」，(應)受「天、人」(之)供(養)。	貳 (菩薩若)執持「應器」(之時)： 當願眾生，成就「法器」，(應)受「天、人」(之)供(養)。 ❺❸

可敬可重,和合於眾,無有
諍訟,獨行無雜。

復次,比丘口慈、意慈,以
法得養及鉢中餘,與人共
之,不懷彼此。

復次,比丘聖所行戒,不犯
不毀,無有染汙,智者所稱,
善具足持,成就定意。

復次,比丘成就賢聖出要,
平等盡苦,正見及諸梵行,
是名重法,可敬可重,和合
於眾,無有諍訟,獨行不雜。

《般泥洹經》云:

又比丘,復有「六重法」,當
善念行,可得久住:

一、爲修身,以起慈心,依
　　聖句通,諸清淨者,行此
　　重任,和一愛敬,施於同
　　學,無取無諍,勉共守行
　　行。

二、爲修口善行,以起慈心。

三、爲修意善行,以起慈心。

四、爲所見法際,若得「衣食、
　　應器、餘物」,終不愛藏。

五、爲持戒不犯,不以摸質,
　　能用勸人。

六、爲若從「正見」得出,正
　　要受道,苦盡度、知見了。
　　行此重任,皆以聖句,通
　　清淨用和愛敬,施於同
　　道,無取無諍,轉相建立,
　　共守道行)

(參)

(參)

(菩薩若於)出門(之時)：當願一切眾生，如佛(之)所欲，(皆應)出度(出離度脫於)「三界」(之輪迴)。	菩薩(若)向「出門」(之)時，(應常)心念言：(願)十方天下人，皆使逮(到；及)所求索(處)，悉(速)疾(而)得，(與)無所復罣礙。㊴		
㊃(菩薩若於)「向道」(之時)：當願一切眾生，(皆進)向(於)「無上道」，志不退轉。	㊃菩薩(若於)「向道」(之)時，(應常)心念言：(願)十方天下人，皆使早得佛(道)，莫復令(再)還(退於三界)。	㊃(菩薩若)發趾(發心行趾於)「向道」(之時)：當願眾生，趣(向)「佛菩提」，(獲)究竟解脫。	㊃(菩薩若)發趾(發心行趾於)「向道」(之時)：當願眾生，趣(向)「佛」(之)所行，入「無依處」(此指無所依的「涅槃道」彼岸)。㊵(唐・澄觀《大方廣佛華嚴經疏・卷十五・淨行品》云：「無依」之道是「真道」也。向「無餘法」，真「涅槃」也)
㊄(菩薩若於)「行道」(之時)：當願一切眾生，遊於「無際」(之涅槃道)，不(於)中「休息」。	㊄菩薩(若於)「行道」(之)時，(應常)心念言：(願)十方天下人，皆使(深)入「無底」(之涅槃道)經中，	㊄(菩薩)若已在(修)「道」(之時)：當願眾生，(皆能)成就佛道，(成就)「無餘」(「涅槃道」之)所行。	㊄(菩薩)若在於(修)「道」(之時)：當願眾生，能行(向)佛道，向「無餘」(之「涅槃道」)法。㊶
		㊅(菩薩若)「涉路」而行(之時)：	㊅(菩薩若)「涉路」而去(之時)：

	悉深入經(典)，(獲)淨潔身體，(而)無所罣礙。	當願眾生，(踐)履(清)淨(的)「法界」，心無障礙。	當願眾生，(踐)履(清)淨(的)「法界」，心無障礙。 ⑤⑦
㈦(菩薩若於)「上坂」(古通「阪」多。山坡、斜坡)：當願一切眾生，樂昇「上道」，無所疑難。	㈦菩薩(若)行道(於)「上坂多」(之)時，(應常)心念言：(願)十方天下人，皆使喜樂(於)佛經，無有厭極(之)時。	㈦(菩薩若)見趣(於)「高路」(之時)：當願眾生，(上)昇「無上道」，(永)超出「三界」。	㈦(菩薩若)見昇(於)「高路」(之時)：當願眾生，永(超)出「三界」，心無怯弱。 ⑤⑧
㈧(菩薩若於)「下坂多」(之時)：當願一切眾生，深入「廣博、微妙」(的)法中。	㈧菩薩(若)行道(於)「下坂多」(之)時，(應常)心念言：(願)十方天下人，皆使入佛(之)「大道」中，悉貫(通)諸智慧。	㈧(菩薩若)見趣(於)「下路」(之時)：當願眾生，(其心)謙下(與)柔軟，(能)入「佛深法」。	㈧(菩薩若)見趣(於)「下路」(之時)：當願眾生，其心「謙下」(與柔軟)，長(養)「佛善根」。 ⑤⑨
㈨(菩薩若)行於「曲路」(之時)：當願眾生，棄「邪曲」(邪見諂曲)意，行不忮虫 忮(忮忌忮害)。	㈨菩薩(若)行(於)「曲道」中(之)時，(應常)心念言：(願)十方天下人，皆使莫有「邪念」，無令有「惡口」。	㈨(菩薩若)若見(於)「險路」(之時)：當願眾生，棄捐「惡道」，滅除「邪見」。	㈨(菩薩若)見(於)「斜曲路」(之時)：當願眾生，捨「不正道」，永除「惡見」。 ⑥⓪
㈩(菩薩若)行於「直路」(之時)：當願眾生，得「中	㈩菩薩(若)行(於)「直道」中(之)時，(應常)心念言：	㈩(菩薩若)若見(於)「直路」(之時)：當願眾生，得「中	㈩(菩薩若)若見(於)「直路」(之時)：當願眾生，其心「正

正」(之)意，言無諛(佞)、諂(詿)。	(願)十方天下人，皆使心念「正道」，無令有諛(佞)、諂(詿)。	正」意，身口無(邪)曲。	直」，無諂(狎)、無誑(妄)。 **61**

卍關於藥師佛與地藏菩薩持「錫杖」的記載均未見於任何的「佛教純經典」中

「錫杖」與「僧人」因緣的經典證據

後漢・安世高(譯經時代爲公元148～170年)譯《大比丘三千威儀》卷2

(僧眾執)持「錫杖」，有二十五事：

一者、為(地有)地虫故。

二者、為(當)年(歲)老(巧之)故。

三者、為(了出門去)「分衛」(paiṇḍapātika 乞食)故。

四者、出入(之時與拜)見佛像，(故)不得使(錫杖之)「頭」有聲(發出聲音來)。

五者、不得持(錫)杖(而進)入(大)眾(中，避免撞傷他人)。

六者、(於過了)「日中」(之)後，不得復(再持錫)持杖(而)出。

七者、不得擔著(錫杖於自己的)肩上。

八者、不得橫著(錫杖於自己的)肩上，以手懸(掛著錫杖的)兩頭。

九者、不得手掉(持著錫杖而讓它)前却(前後進退的亂動)。

十者、不得持(錫)杖至「舍」後(此指精舍或佛寺的「後面」)。

十一者、(若)「三師」(其中)已(有人)持(錫)杖(而)出，(則自己便)不得復持(再持另一隻錫)杖(而)隨出(了)。

十二者、若(有)「四人」共行(一起同行)，(其中若有)一人(此當然以「長老住持者」爲主)以持(錫)杖(而)出，(則自己)不得復(再)持(另一隻錫)杖(而)隨後(了)。

十三者、(若)至「檀越」(白衣之)家，應(令錫)杖不得離身。

十四者、(若)至(他)人門(戶)時，當(作)三欬 癭(或著令錫杖出聲亦可)，(若)不出(指無人回應)，(則)應當便去(而改)至(其)餘(他家)處。

十五者、設(從他)人(家中而)出(時)，應當(再持錫)杖(而)著，(以自己的)「左肘」挾之。

十六者、(錫)杖(若)在(自己的僧)室中，不得使(錫杖直接)「著地」。

十七者、當(所)持(的錫杖，應)自近(於自己的)「臥床」(之處)。

十八者、(錫杖)當取(布而擦)拭之。

十九者、不得使(錫杖的兩)頭有生(古通「鉎」，意指金屬所生的銹)。

二十者、(若)欲持(錫)杖(而)出(時)，當從「沙彌」受(即至少要找到一位「沙彌」以上的僧人告知、通報一下)、若(或者找)「白衣」受(亦得)。

二十一者、(若欲)至「病瘦家」(而夜)宿，應得「暮杖」(暮古通「莫、幕」，「幕」指遮蓋用的布，應將錫杖以「布」包裹的意思，即不再使用了，所以不欲錫杖被人見到。因為至病人家，擔心病人見「杖」而生恐畏心，所以應該「包裹住」才是正確的)。

二十二者、(若欲)遠送(已)「過去」(的往生者)，當得「暮杖」(應將錫杖以「布」包裹的意思，即不再使用了，所以不欲錫杖被人見到)。

二十三者、(若欲)遠請(他人來)「行宿」，應得「暮杖」。

二十四者、(若欲)行阿ㄜ 其云(阿指「迎合」義，此指「遠迎來者」，此指欲「迎接」新來的客人者)，應得「暮杖」。

二十五者、常當以(錫杖而)自近(靠近自己的意思)，不得(用錫杖)指人(指著他人)，若(或用錫杖)畫地(而作(寫)字。

西晉・法炬(290～306年在華譯經) 共法立譯《前世三轉經》卷1：

「釋提桓因」(天神)，以「天眼」見「婬妷女」……(釋提桓因)則(變)化作(一位)「婆羅門」，(手)持「寶枝、澡豆瓶」，著金「錫杖」，行乞丐至此婬女家，言：「乞我分衛」！其女人便以「金鉢」盛飯，出與(此)婆羅門。

西晉・法炬(290～306年在華譯經) 共法立譯《法句譬喻經》卷4〈沙門品 34〉

(1)有一年少比丘……有一端正、年少女子……而此女子獨守「悲歌」，其聲「妖亮」，聽者莫不頓車、止馬……盤桓不去，皆坐(聽其)聲響。

(2)時此「比丘」，(於)「分衛」(乞食)行還，道聞「歌聲」，側耳聽「音」，「五情」逸豫，心迷意亂，貪著不捨，想是(此)女人必「大端正」……便旋往趣，未到中間，意志悅ㄧˋ惚，手失「錫杖」，肩失「衣、鉢」，殊不自覺。

後秦・弗若多羅共羅什(Kumāra-jīva。344~413)譯《十誦律》卷41

(應)徐(緩的執)取「錫杖」，不應(令錫杖)曳地(施地而行)。

失譯人名今附秦錄(384～417年譯經)《毘尼母經》卷5

有比丘(於)「尸檀林」(尼陀林)，中夜闇行，心生怖畏「毒蛇、蟲蝥」諸惡獸等，因此白佛。佛言：聽諸「比丘」(於)夜怖畏處，(震)動「錫杖」作聲，令諸「惡毒蟲」(速)遠去。

失譯人名，今附東晉(317~420)錄《得道梯橙錫杖經》

(1)爾時世尊告諸比丘：汝等皆應受持「錫杖」。所以者何？過去諸佛(皆)執持「錫杖」，未來諸佛(亦將)執持「錫杖」，現在諸佛亦執是(錫)杖。

(2)如我今日成佛世尊，亦執如是，(皆)應持之杖。(於)過去、未來、現在諸佛，教諸

弟子，亦(應)執「錫杖」。是以我今成(為)「佛世尊」，如諸佛法，以教(授)於汝。

(3)汝等今當受持「錫杖」(法)。所以者何？

是「錫杖」者，名為「智杖」，亦名「德杖」。彰顯聖智，故名「智杖」；行「功德」本，故曰「德杖」。

(4)如是(之錫)杖者，(乃是)「聖人」之「表式」、「賢士」之「明記」、趣道法之「正幢」、建「念義」之志，是故汝等咸(應)持(而)如法……

(5)❶所言「錫杖」者，「錫」者「輕」也。「依倚」是杖，得除煩惱，出於三界，故曰「輕」也。(輕易的「出離」三界囉)

❷「錫」者「明」也。持杖之人，得智慧「明」，故曰「明」也。

❸「錫」言「不迴」。持是杖者，能出「三有」，不復「染著」，故曰「不迴」。
(不會再迴轉到「三界」六道來了)

❹「錫」言「惺」(醒)也。持是杖者，惺憺「苦、空、三界結使」，明了「四諦、十二緣起」，故曰「惺」也。

❺「錫」言「不慢」。持是杖者，除斷「慢」業，故曰「不慢」。

❻「錫」者言「疏」(古同「踈」)。持此杖者，與「五欲」踈(遠)，斷「貪愛」結，散壞「諸陰」，遠離「五蓋」，志趣「涅槃」，疏(離)「有為」業，故曰「踈」也。

❼「錫」言「採取」，持是杖者，「採取」諸佛「戒、定、慧」寶，獲得解脫，故曰「採取」。

❽「錫」者「成」也。持是杖者，「成」就諸佛「法藏」，如說修行，不令缺減，悉具「成就」，故曰「成」也……

(6)是「錫杖」者，為修智士，廣修「多聞」，解「世、出世」，分別善惡，有為、無為，有漏、無漏，了智無礙，智慧成就，故曰「智杖」。

(7)為持「禁戒、忍辱、禪定」、一心不亂、常修福業、無時懈怠，如救頭然，故曰「德杖」。

(8)「攝持」是杖，如斯之人，內具「十六行」(謂四諦：苦、集、滅、道。四等：慈、悲、喜、捨。四禪：初禪、二禪、三禪、四禪。四無色定：空處、識處、不用處、非想非非想處)，復具「三十七行」(謂：三十七助道法)……戒定忍慧，三明六通，及八解脫，皆悉具有……

(9)念三塗苦惱，則修戒、定、慧；念三災老病死，則除三毒貪、瞋、癡……

(10)復有「四鈷」(四楞)者，用斷四生、念四諦、修四等、入四禪、淨四空、明四念處、堅四正勤、得四神足，故立「四楞」。

(11)「通」中「鬲」(停)五，用斷五道苦惱輪迴，修五根、具五力、除五蓋、散五陰，得五分法身，故立五也。

(12)「十二環」者，用念「十二因緣」，通達無礙，修行十二門禪，令心無患……

(13)或有「四鈷」；或有「二鈷」，環數無別；但我今日「四鈷、十二環」，用是之教。

「二鈷」者，<u>迦葉</u>如來之所制立，令諸眾生，記念「二諦」_{（世諦、第一義諦）}，以立其義。

(14)爾時世尊！說此法已，尊者迦葉、千二百眾及諸大會！皆悉歡喜，頂戴奉行……

(15)持「錫杖」_{（之）}威儀法，有二十五事。持錫杖_{（有）}「十事」法：

一者、為地有蟲_{（或蛇之）}故。

二者、為_{（當）}年_{（歲）}朽老_{（之）}故。

三者、為_{（了出門去）}「分越」_{（paiṇḍapātika 乞食）}故。

四者、不得_{（以）}手持_{（錫杖）}而_{（隨意讓錫杖在自己身邊）}「前却」_{（此指錫杖應與自己身「等齊」，不要忽前忽後）}。

五者、不得擔_{（錫）}杖著_{（於自己的）}肩上_{（放著）}。

六者、不得橫著_{（錫杖於自己的）}肩上，_{（令）}手垂_{（執錫杖的）}兩頭。

七者、出入_{（之時與拜）}見佛像，不聽_{（許錫杖）}有聲_{（發出聲音來）}。

八者、_{（若持著錫）}杖不得入_{（於大）}眾_{（中，避免撞傷他人）}。

九者、不得妄持_{（錫杖）}至「舍」後_{（此指精舍或佛寺的「後面」）}。

十者、_{（所持的錫）}杖「過中」_{（過了中午之後）}不出_{（即指不再使用）}。

復有五事。

一者、_{（於持錫杖時，若欲）}遠請_{（他人來）}行宿，過中_{（過了中午之後，錫杖）}得出_{（即指不再使用）}。

二者、_{（於持錫杖時，若有欲）}至「病瘦」_{（白衣之）}家，過中_{（過了中午之後，錫杖）}得出_{（即指不再使用）}。

三者、_{（於持錫杖時，若有欲）}送「過世」_{（的往生）}者，過中_{（過了中午之後，錫杖）}得出_{（即指不再使用）}。

四者、_{（於持錫杖時，若有）}外道_{（來）}請_{（供）}者，過中_{（過了中午之後，錫杖）}得出_{（即指不再使用）}。

五者、不得將_{（錫）}杖指_{（向他）}人，_{（或用錫杖）}畫地_{（而）}作_{（寫）}字。

復有五事。

一者、_{（若有）}三師_{（其中「已有人」持錫杖而）}俱出，_{（自己便）}不得_{（再）}持杖_{（而）}自隨。

二者、_{（若有）}四人共行，除「上座」_{（長老持錫杖之外）}，不得_{（每人都各）}普持_{（一隻錫杖）}。

三者、到「檀越」_{（之）}門，_{（應）}好正「威儀」_{（不要令錫杖而離身）}。

四者、_{（若有）}入「檀越」_{（白衣）}門，_{（可將錫杖作）}三抖擻_{（發出聲音來）}、三反_{（三次的意思）}，_{（若）}不出_{（指無人回應）}，_{（則應）}從至_{（其）}餘_{（他）}家。

五者、_{（若從）}「檀越」_{（家中而）}出，應_{（再）}持_{（錫）}杖，著_{（杖於自己）}「左肘」_{（的）}中央_{（之處）}。

復有五事。

一者、「杖」_{（應）}恒在_{（自）}己_{（的僧）}房中，不得_{（隨意讓它）}離身。

二者、不聽_{（錫杖的）}「下頭」_{（而）}著_{（於）}地_{（下）}。

三者、不聽_{（錫）}杖許_{（指「些許、少許」）}生_{（古通「鉎」，意指金屬所生的鏽）}衣。

四者、_{（應）}日日須好_{（好的）}「磨拭」_{（錫杖）}。

五者、_{（若錫）}杖欲_{（帶）}出_{（門）}時，當從「沙彌」邊受_{（即至少要找到一位「沙彌」以上的僧人告知、通報一下）}，若_{（完全）}無「沙彌」_{（可告知）}，_{（那麼找）}「白衣」_{（居士）}亦得。

(16)錫杖「四鈷」應「四諦」，環應「十二因緣」，「中」召明「中道」義。「上頭」應「須彌頂」。第二應「須彌山」，「中央」木應於「空」。下錯應「須彌根」。

(17)沙門之法，解空得道，執此惺悟世間一切眾生。諸比丘等！至心奉行。

《得道梯橙錫杖經》

又「持錫杖」法(依天竺藏經重出，使後人看閱，知其源流也)

「錫杖」有二十五事(之)威儀，持「錫杖」有「二十五事」者：

一者、為(地有)蛇蟲故。

二者、為(當)年(歲)老(巧之)故。

三者、為(了出門去)「分衛」(paiṇḍapātika 乞食)故。

四者、為出入(之時與拜)見佛像，(故)不得使(錫杖之)「頭」有聲(發出聲音來)。

五者、不得持(錫)杖(而進)入(大)眾(中，避免撞傷他人)。

六者、(於過了)「中」(午之)後，不得復(再持錫)杖(而)出。

七者、不得擔著(錫杖於自己的)肩上，(然後)以手懸(著錫杖的)兩頭。

八者、不得橫著(錫杖於自己的)膝上，以懸(掛著錫杖的)兩頭。

九者、不得手掉(持著錫杖而讓它)前後(亂動)。

十者、不得持(錫杖)至「舍」後(此指精舍或佛寺的「後面」)。

十一者、不得復(再)持(錫杖)在「三師」(三位法師的)前後，(因為若三師當中)已(有人持)杖(而)出，(則自己便)不得復(再持另一隻錫)杖(而)隨(後了)。

十二者、若(有)「四人」俱行(一起同行)，(其中若有)一人(此當然以「長老住持者」為主)已持(錫杖)，(則自己)不得復(再)持(另一隻錫杖而)隨(後了)。

十三者、若至「檀越」(白衣之)家，不得捨「杖」(而)離身。

十四者、(若)至(他)人門戶時，當(先令錫杖而作)「三抖擻」(發出聲音來)，(若)不出(指無人回應)，(則)應當更至(其)餘(他)家。

十五者、(若從白衣)「主人」(家中而)出(時)，應當(再持錫)杖(而)著，(以自己的)「左肘」挾之。

十六者、若至(自己的僧)室中，不得使(錫杖直接)「著地」。

十七者、當(所)持(的錫杖，應)自近(於自己的)「臥床」(之處)。

十八者、(錫杖)當數取(布而擦)「拭」之。

十九者、不使(錫杖的兩)「頭」有生(古通「鉎」，意指金屬所生的鏽)。

二十者、(若)欲(持錫杖而)行(之時)，當從「沙彌」(即至少要找到一位「沙彌」以上的僧人告知、通報一下)、若(或者找)「白衣」受(亦得)。

二十一者、(若欲)至「病人家」(而夜)宿，應得「暮杖」(暮古通「莫、幕」，「幕」指遮蓋用的布，應將錫杖以「布」包裹的意思，即不再使用了，所以不欲錫杖被人見到。因為至病人家，擔心病人見「杖」而生恐畏心，所以應該「包裹住」才是正確的)。

二十二者、(若)欲遠送「過去」(的往生)者，應得「暮杖」(應將錫杖以「布」包裹的意思，即不再使

用了，所以不欲錫杖被人見到）。

二十三者、（若欲）遠請（他人來）「行宿」，應得「暮杖」。

二十四者、（若欲）遠迎「來者」（此指欲「迎接」新來的客人者），應得「暮杖」。

二十五者、常當（以錫杖而）自近（靠近自己的意思），不得（用錫杖）指人（指著他人），若（或用錫杖）畫地（而）作（寫）字。

失譯附東晉（317~420）錄《沙彌十戒法并威儀》卷 1

若取「錫杖」，有七事：

一者、當（常）掃拭（錫杖而）令（清）淨。

二者、不得（讓錫杖直接）下拄ㄓㄨˋ（於）地（上）。

三者、不得（將錫杖）以有所指（把錫杖當作「指向」之用）、（或對著別人）擬（比劃）。

四者、無使（錫杖故意令）有聲（音發出）。

五者、（若別人給予錫杖時，應）當（先用）兩手「捧」之。

六者、（徒弟）當（用）跪（姿，然後將錫杖）以（給）授（予己）師。

七者、（錫杖用）畢還（應歸）復（於平）常（所置放之）處。

失譯附東晉（317~420）錄《沙彌十戒法并威儀》卷 1

持「錫杖」有四事：

一者、（應常）取拭去（除）生（古通「鉎」，意指金屬所生的鏽）垢。

二者、不得（將錫杖直接）著（於）地（上），使有聲（音發出）。

三者、師（於）出戶（之時），乃（應）當（先將錫杖準備好，然後）授（予師父令師方便將錫杖帶出門）。

四者、師（於）出（而歸）還，當（上前去）受取（師父的錫杖而置妥於處）。

若俱行、若入眾、若禮佛，亦當（皆）取持（著錫杖）。

（此）是為持「錫杖」（之）法。

劉宋・求那跋摩（Guṇavarman。367~431 年）譯《沙彌威儀》卷 1

（僧眾）持「錫杖」，有四事：

一者、當（常）取（擦）拭（而令）去生（古通「鉎」，意指金屬所生的鏽）垢。

二者、當取（錫杖之時）不得（令錫杖直接）著（於）地（上），使有聲（音發出）。

三者、師（於）出戶（之時），（徒弟）乃（應）當（先將錫杖準備好，然後）授（予師父令師方便將錫杖帶出門）。

四者、師（於）出（而歸）還，（徒弟）當（上前去）逆取（逆接執取師父的錫杖而置妥於處）。

若俱行、若入眾、若禮佛，當（皆）取持（著錫杖）。

（此）是為持「錫杖」（之）法。

劉宋・求那跋摩(Guṇavarman。367~431 年)譯《優婆塞五戒威儀經》卷 1
(僧眾)受「錫杖」法……不得(以)「不淨手」捉(錫杖而)入「僧房」……不得(令錫杖)近(於)地
(面)。若入「白衣」舍，應(將錫杖)纂(繫縛；佩掛)在(身)後。

劉宋・求那跋陀羅(Guṇabhadra。394～468)譯《過去現在因果經》卷 2
時「淨居天」(神)，(即變)化作(一)「比丘」，法服持「鉢」，手執「錫杖」，視地而行，在
太子前。

蕭齊(479~502)・僧伽跋陀羅(488 年譯經)譯《善見律毘婆沙》卷 8〈舍利弗品〉
「錫杖」法者：不得作「好色」(顏色珠妙)枝，純得作「三、四鐶」纏，以「堅牢」故，頭
(採)「圓形」。

元魏・般若流支(538~543 年譯經)譯《正法念處經》卷 59〈觀天品 6〉
若(於)「乞食」時，(應)遠避(親朋)知識，不(接)近「親里」，唯畜一「鉢」，(並)執持「錫杖」，
隨得供養。

隋・闍那崛多(564~572 年譯經)譯《佛本行集經》卷 15〈耶輸陀羅夢品 20〉
「作瓶」天子，(即)以「神通」力，(於)去車不遠(之處)，於太子(之)前，(變)化作一「人」，
剃除鬚髮，著「僧伽梨」，偏袒右肩，手執「錫杖」，左掌擎鉢，在路而行。

唐・義淨(635~713 年)譯《根本薩婆多部律攝》卷 10
其(僧眾)「乞食」人，應執「錫杖」，(並)搖動作聲(看有無人「回應」)，方(能)入(他)人(之)舍。

唐・義淨(635~713 年)譯《根本薩婆多部律攝》卷 11
(比丘)若(於)「坐禪」(之)處，應搖「錫杖」警覺，時眾若遭「賊」時，欲令人(有所查)覺，
任(錫杖)打(聲)多少。

唐・地婆訶羅(Divākara。613~687)譯《方廣大莊嚴經》卷 5〈感夢品 14〉
時「淨居天」(神)，(即變)化作(一)比丘，著「壞色衣」，剃除「鬚髮」，手執「錫杖」，視
地而行，形貌端嚴，威儀庠序。

唐・智嚴(721 年譯經)譯《大乘修行菩薩行門諸經要集》卷 2
聞如來(於)經中所說：若有「比丘」，受持「袈裟、錫杖、臥具、病緣雜藥、什物之
屬」，(除此外)不應「多畜」。

明・元賢(1578~1657年)述《**律學發軔**》卷3

(1)(在)**行**(路)**時**,(應將錫杖)**著**(於)「**左脇**」(之)**下**,(然後)**以**「**小指**」**拘之**(原因是儘量不要讓錫杖著落於地上),**使**(錫杖之)**兩頭**(皆)**平正**(而不要歪歪的),(亦)**不令**(錫杖發生忽)**高**(忽)**下**(的情形)。

(2)(在)**住**(立之)**時**,(男眾)**僧**(應將錫杖)**著**(於自己的)「**左足**」**上**(原因是儘量不要讓錫杖著落於地上)。**尼**(眾僧應將錫杖)**著**(於自己的)「**右足**」**上**,**不得**(讓錫杖直接)**著**(於)**地**(上)。

(3)**若乞食**(之時,可帶著錫杖),**近至三家**(而乞食),(最)**遠**(只能)**滿**(於)**七家**(超過第七家仍無人施食,則當日只能喝水)。**若不得**(食物),(則)**更不容多**(越)**過**(白衣之家)。**若**(越)**過**(第七家而至第八家乞食的話),(此)**非**「**行者**」**法**。**若**(於七家之)**限內**,(皆)**得**(以)**食**(之)。

(4)**持**(錫)**杖**(最好能)**掛**(置於)**樹上**,**勿令**(錫杖直接)**著地**(著於地上)。(但)**若無樹**,(則可方便將錫杖)**著**(於)「**地平**」(之)**處**(既已無樹可掛,當然只能讓錫杖平躺了),(總之應該儘量)**不令**(錫杖)**傾側**(而倒於地上爲宜)。

(5)**眠**(臥)**時**,(錫)**杖**(應)**與身**「**相順**」(同一個方向、位子,如同白天一樣,錫杖與自己身體是同方向的,而不是相反方向)。(可將錫杖)**置之**(於)「**牀後**」,(錫杖的)**正**(面)**與身**(等)**齊**,**不令**(錫杖隨意)**前却**(而亂擺佈)。

(6)(若於)**行路**(中稍作)**止息**(之)**時**。(錫杖的)**頭當向**(著)**日**(的方向,與日同方向即可),**勿令**(錫杖)**倒逆**(著太陽方向而)**違背**。

「藥師佛」與「錫杖」因緣的探討

有關藥師佛信仰的經典在「東晉」時即已譯出，如東晉・帛尸梨蜜多羅 (Śrīmitra 吉友。?~343年，八十多歲壽) 譯的《佛說灌頂拔除過罪生死得度經》開始，但有關藥師佛的「形象、造形」在諸本《藥師經》中均未論及。唐代不空所譯的《藥師如來念誦儀軌》則有藥師佛執「藥器」的記載，但今所見的「藥器」圖像多作成「圓缽」狀，也是最常見、具代表性的藥師佛「執持物」象徵，寓意為消除眾生的「三毒」疾厄。

在中國甘肅省的「安西榆林窟」，其中的「第25窟」開鑿于中唐時期，「榆林25窟」中的「藥師佛」位於正壁的「北側」，左手持「缽」、右手執「錫杖」，足踏「蓮花」，身體微側。正壁面的「中央」是盧舍那佛與八大菩薩。如下圖所示：

但有關唐代「藥師佛」持「錫杖」的記載，均未見於任何的「佛教純經典」中，或經典的「儀軌」記載，只有到元代沙囉巴(shes-rab dpal 慧吉祥，1259～1314)譯的《藥師琉璃光王七佛本願功德經念誦儀軌供養法》中才有出現「錫杖」的記載，如云：

> 世尊藥師琉璃光，執持最勝妙法藏，利樂眾生如日月，
> 光明最勝我讚禮，受持經律論藏教，手執「鉢盂、錫杖」等。

但這是元代的「儀軌」內容，也並非是「純佛經典」的記載，更不是唐代就有的「儀軌」論典。

日僧覺禪法師的《覺禪抄》中記載藥師尊像中則有「唐本持鉢、錫杖」的「唐本藥師像」，在敦煌中的「初唐石窟壁畫」中亦見有「持鉢、執錫杖」的「藥師佛」。日本「高野山」真別處圓通寺藏本《圖像抄》卷二「藥師如來」條，及與其內容相同的《別尊雜記》卷四中的「藥師」條中，即稱：

> 又有唐本，持鉢、錫杖。或左手持「鉢」，其鉢十二角，右手作「施無畏」。

明確說到唐代曾經流行過「持缽、執錫杖」的藥師佛形象。

下面是中唐・莫高窟第 245 窟西壁上的藥師佛造型。

　　下面是「阿艾石窟」中的藥師佛像，持錫杖、藥缽。「阿艾石窟」是位於新疆「維吾爾自治區」庫車縣境內的一座孤存的佛教石窟，約在八世紀(公元 700～800 年之間)建造的。

「如來」有搭配「錫杖」的經典證據

姚秦・竺佛念(365~416年譯經)譯《菩薩從兜術天降神母胎說廣普經》卷1〈天宮品 1〉

(1)如是我聞：一時佛在伽毘羅婆兜(Kapila-vastu 迦毘羅衛城)釋翅搜(Śrāvastī 舍衛國)城北雙樹間，欲捨身壽(而)入「涅槃」。

(2)(於)二月八日「夜半」，(如來)躬自襞ㄅ (摺疊)僧伽梨(Saṃghāti 大衣；重衣；雜碎衣；高勝衣)……脚脚(則)相累(疊)。以「鉢、錫杖」手付(於)阿難。

唐・善無畏(Śubhakara-siṃha，637~735年)共一行(683~727年)譯《大毘盧遮那成佛神變加持經》卷5〈祕密漫荼羅品 11〉

(1)「金剛手」言：如是世尊，願樂欲聞，時「薄伽梵」，以偈頌曰：

最初「正等覺」，敷置「漫荼羅」。密中之祕密，「大悲」胎藏生，及無量世間，出世「漫荼羅」……

(2)復次應諦聽，釋迦「師子」壇，謂大「因陀羅」，妙善真金色，四方相均等，如前「金剛印」，上現「波頭摩」，周遍皆黃暉，「大鉢」具光焰，「金剛印」圍繞，「袈裟、錫杖」等，置之如次第。五種如來頂，諦聽！今當説……

唐・善無畏(Śubhakara-siṃha，637~735年)譯《大毘盧遮那經廣大儀軌》卷2

次東第三院，釋迦「師子」壇，謂大「因陀羅」，妙善真金色。

四方相均等，「金剛印」圍繞。上現「波頭摩」，妙善真金色。

轉成釋迦文，周匝皆黃暉。「紫金光」聚身，具「三十二相」。

「袈裟、錫杖」等，「大鉢」具光焰，住寶處「三昧」……

唐・輸波迦羅(Śubhakara-siṃha，637~735年)譯《攝大毘盧遮那成佛神變加持經入蓮華胎藏海會悲生曼荼攞廣大念誦儀軌供養方便會》卷2

所餘諸釋種(指釋迦種族之意，常作釋迦之略稱)，「袈裟」及「錫杖」，師應具開示。

唐・金剛智(Vajrabodhi，669~741年)譯《佛說無量壽佛化身大忿迅俱摩羅金剛念誦瑜伽儀軌法》卷1

(1)次畫本尊像，長一尺五寸……身作「黃雲色」，髮赤(紅色而向)上、繚亂……左持「金蓮華」，髮少黃，右旋。

(2)獨髮籠(的)「頭冠」，髮上際(有)「二寸」。「髮」中(有站)立(的)「化佛」；(佛的)右(手持)「錫」(杖)，左(手持)「澡鑵」(kuṇḍikā。君持；君遲；軍遲；軍挺；招稚迦等。意譯為瓶、澡瓶、水瓶)。

(3)兩邊皆(各有)一佛，(皆)持「錫杖」，(杖作)金色。(有眾)聖者(圍)遶(著)其身，(有)急雲「五色光」。

✲上面的經典都明確指出「佛如來」與「錫杖」的關係；既然如此，那藥師也是「佛如來」，所以藥師佛也能有「錫杖」造型應是同理可推出來的！

元・沙囉巴(shes-rab dpal 慧吉祥，1259～1314)譯《藥師琉璃光王七佛本願功德經念誦儀軌供養法》

世尊藥師琉璃光，執持最勝妙法藏。利樂眾生如日月，光明最勝我讚禮，受持「經、律、論」藏教，手執「鉢盂、錫杖」等。

「地藏菩薩」與「錫杖」因緣的探討

在盛唐時期，除了<u>藥師</u>佛有執持「錫杖」的造型外，到了<u>北宋</u>初也出現「執持錫杖」的地藏菩薩，其形象的區別在於<u>藥師</u>佛為頭頂有「肉髻」的「佛像」，而<u>地藏</u>菩薩大多顯現為「圓頂、光頭」的「比丘」像。

兩者持物方面的差別是：<u>藥師</u>佛大多持「缽」，<u>地藏</u>菩薩大多持「珠」，二者共同的執持物皆為「錫杖」，但<u>地藏</u>菩薩執持「**錫杖**」的形象資料，也未見於任何顯密的「純佛經典」中。

在《大藏經》中有「收錄」一本署名為<u>成都</u>麻大聖慈恩寺沙門<u>藏川</u>（北宋仁宗天聖十年，即公元 1032 年）所譯述的《佛說地藏菩薩發心因緣十王經》（非佛經，是偽經），裡面就說到<u>地藏</u>菩薩擁有六個名號，其中第二位名<u>放光王</u>地藏、與第四位名<u>金剛悲</u>地藏，造型都是「左手」持「錫杖」的，注意是「左手」唷！如下所云：

> **爾時世尊告<u>乞叉底蘗波</u>（Kṣiti-garbha 地藏）菩薩言：善哉！善哉！諦聽！<u>地藏</u>於未來世為緣現身，我當授記「六種名字」，頌告言：**
> ①**<u>預天賀</u>地藏，左持「如意珠」，右手「說法印」，利諸天人眾。**
> ②**<u>放光王</u>地藏，左手持「錫杖」，右手「與願印」，雨雨成五穀。**
> ③**<u>金剛幢</u>地藏，左持「金剛幢」，右手「施無畏」，化修羅靡幡。**
> ④**<u>金剛悲</u>地藏，左手持「錫杖」，右手「引攝印」，利傍生諸界。**
> ⑤**<u>金剛寶</u>地藏，左手持「寶珠」，右手「甘露印」，施餓鬼飽滿。**
> ⑥**<u>金剛願</u>地藏，左持「閻魔幢」，右手「成辨印」，入地獄救生。**

大約在此時，<u>地藏</u>菩薩造型就已出現有持「珠」與「錫杖」的特徵。再晚一點的宋‧<u>元照</u>（1048～1116 年）集《地藏慈悲救苦薦福利生道場儀‧卷二》中就明確把「珠」與「錫杖」都寫入了儀軌內容，如云：

> **大聖<u>地藏</u>王菩薩……恭惟《十輪》大教主、六道救苦師、本尊願王、冥陽<u>地藏</u>菩薩，夙承佛記，慈視眾生，廣願力以無邊，化多身於六道。曾於婆羅門女，往見<u>無毒</u>鬼王，泣淚求哀，問母生處。因聞業力深重，墮在無間獄中，以聖母供養<u>覺華定自在王</u>如來，母得解脫……必獲感通之護。今當歸命，謹為敷揚。<u>幽冥</u>菩薩妙難倫，應現真容處處分。六道四生聞妙法，三途十類沐慈恩。「寶珠」照徹天堂路，金「錫」敲開地獄門。是日有情蒙接引，蓮花台上禮慈尊。**

「菩薩」有搭配「錫杖」的經典證據

後漢・竺大力(197 年譯經)共康孟詳(194～207 年譯經)譯《修行本起經》卷 1〈現變品 1〉

(1)是時有梵志儒童，名無垢光……時儒童菩薩，入彼眾中，論道説義，七日七夜。爾時其眾，欣踊無量。

(2)主人長者，甚大歡喜，以(己)女(乃)賢意，(欲)施與(儒童)菩薩。(儒童)菩薩不受，唯取傘蓋、錫杖、澡罐、履屣、金銀錢各一千，還上(供養其)本師。

劉宋(420~479)・翔公譯《佛説濡首菩薩無上清淨分衛經》卷 1

(1)是時坐中英首菩薩，承佛神旨而從坐起……右膝著地，而跪白佛：唯然，世尊！濡首童真者，古今諸佛無數如來，及眾仙聖有道神通，所共「稱讚」……

(2)是時濡首童真菩薩，以其平旦(之日)，欲入城「分衛」(乞食)，整聖無上清淨「道服」，執御「應器」，持法「錫杖」，粗順如佛(一樣的威儀)。

唐・三昧蘇嚩羅(Samādhi-śvara)譯《千光眼觀自在菩薩祕密法經》卷 1

若人求慈悲心者，作「錫杖」法。其「慈杖」觀自在菩薩像，相好莊嚴，如上所説。但右手執「錫杖」，左手當齊向上。畫像已，印相二手內縛，豎「火輪」，圓滿如「錫杖」形，真言曰：(三十三)

唵・嚩日羅(二合)・達磨(金剛法)・三昧耶(本誓)・摩訶迦嚧祉迦(具大悲心)・娑嚩(二合)賀
oṃ・vajra--dharmma・samaya・mahā--kāruṇika・svāhā・
　　　　　　三昧耶　　　　　大　悲

✳上面的經典都明確指出「菩薩」與「錫杖」的關係；既然「菩薩」與執持「錫杖」的關連在《藏經》中都可以找到證據，那地藏「菩薩」有執持「錫杖」的造型，就不足為疑了！

十四－12 菩薩若於路上見「塵、險道、大樹、精舍講堂、叢林、高山、刺棘、樹葉」時，約有 10 願

吳·支謙譯《佛説菩薩本業經》	西晉·聶道真譯《諸菩薩求佛本業經》	東晉·佛馱跋陀羅譯六十《華嚴經·淨行品》	唐·實叉難陀譯八十《華嚴經·淨行品》
(文殊師利菩薩告智首菩薩云：)	(文殊師利菩薩告智首菩薩云：)	(文殊師利菩薩告智首菩薩云：)	(文殊師利菩薩告智首菩薩云：)
壹 (菩薩若)見「風揚塵」(於滿道之時)： 當願眾生，經明(於佛經明達)行修，心不紛亂。	壹 菩薩(若)見「揚塵」(於)滿道(之)時，(應常)心念言： (願)十方天下人，皆使諸(染)欲(而離)去，常得「明經」(明白佛經)。	壹 (菩薩若)見道(路上滿)「揚塵」(之時)： 當願眾生，永離「塵穢」(塵垢染穢)，(獲)畢竟(之)清淨。 ❻❷	壹 (菩薩若)見路(上)「多塵」(之時)： 當願眾生，遠離「塵坋ㄣ」(塵垢的坋集)，獲「清淨法」。 ❻❷
貳 (菩薩若)見雨淹ㄢˇ塵(淹古同「掩」→遮掩。塵埃皆被「遮掩」即等於「無塵」)： 當願眾生，(以)「大慈」(心而降)伏(其)意，不(生)起諸(妄)想。	貳 菩薩(若)見淹ㄢˇ塵(於)滿道(之)時，(應常)心念言： (願)十方天下人，皆使常「柔軟心」，悉得諸「慈、哀(悲)」。	貳 (菩薩若)見道(路上)「無塵」(之時)： 當願眾生，(由)「大悲」所熏，心意(具)「柔潤」(柔光潤澤)。	貳 (菩薩若)見路(上)「無塵」(之時)： 當願眾生，常行「大悲」，其心(意具)「潤澤」(柔潤光澤)。 ❻❸
		參 (菩薩若)見「深阬澗ㄐ一ㄢˋ」(之時)： 當願眾生，向「正法」界，滅除諸難。	參 (菩薩)若見「險道」(之時)： 當願眾生，住「正法」界，離諸罪難。 ❻❹
		肆 (菩薩若)見「聽訟ㄙㄨㄥˋ堂」(聽理訴訟審案之堂)：	肆 (菩薩)若見「眾會」(之時)：

		當願眾生，(能)說「甚深法」，一切(皆令)「和合」。	當願眾生，(能)說「甚深法」，一切(皆令)「和合」。 65
(伍) (菩薩若)涼息(乘涼休息於)樹下(之時)： 當願眾生，伏心(降伏其心而)在「道」，(於)「經意」(佛經道意)不(生)疲(厭)。	(伍) 菩薩(若)見「陰涼樹」(之)時，(應常)心念言： (願)十方天下人，皆使諸所「惡法」悉除去，(能)「通利」(通達暢利；貫通惠利)入「佛經」中，悉(使其能)覺知。	(伍) (菩薩)若見「大樹」(之時)： 當願眾生，(遠)離「我諍心」(因為樹大招風，所以「大樹、大柱」喻「我慢、我諍」之心)，無有「忿恨」。	(伍) (菩薩)若見「大柱」(之時)： 當願眾生，(遠)離「我諍心」(因為樹大招風，所以「大樹、大柱」喻「我慢、我諍」之心)，無有「忿恨」。 66
(複製十四-15(參)的經文) (菩薩若)見精(舍)學堂(之時)： 當願眾生，講誦「經道」(佛經道法)，日進不衰。	(陸) 菩薩(若)見「講堂、精舍」(之)時，(應常)心念言： (願)十方天下人，皆使(能)聽受「諸經」，悉入(於其)中。 67		
(柒) (菩薩若)入「林澤」(樹林山澤)中(之時)： 當願眾生，(所)學(皆)為「儒林」(喻讀書人、儒生、有修養者)，養「徒」(當)以「德」。	(柒) 菩薩(若)見「(叢)林大樹」(之)時，(應常)心念言： (願)十方天下人，皆使無不(對有修養人生出)「歸仰、供養」者；(歸仰與供養)天上、世間(諸人)皆悉然。	(柒) (菩薩)若見「叢林」(之時)： 當願眾生，一切(皆能生出)敬禮(心)，(對於有修養的)「天、人」師仰。 (因為「叢林」乃喻為「有修養的儒林者」，所以只要是有修	(柒) (菩薩)若見「叢林」(之時)： 當願眾生，(於)諸(有修養的)天及人，所應(生出)敬禮(心)。 68

		養的天、人，皆應對之生出敬禮、歸仰之心)	
⑻ (菩薩若)行見「高山」 (之時)： 當願眾生，志仰(心志尊仰)高大，積德(稱功累德而)無厭。	⑻ 菩薩(若)見「山」(之)時，(應常)心念言： (願)十方天下人，皆使心念「高才」(高超才智)，明(白)諸「功德法」，無有(人更)能勝者。	⑻ (菩薩)若見「高山」(之時)： 當願眾生，得「無上善」，莫(有人)能見(其最)頂(者)。	⑻ (菩薩)若見「高山」(之時)： 當願眾生，(得)「善根」超出，無(有人)能至(其最)頂(者)。 69
⑼ (菩薩若)行見「刺棘^{ㄐㄧ}」(之時)： 當願眾生，三毒消滅，無(生)「賊害」心。	⑼ 菩薩(若)見「棘^{ㄐㄧ}樹」(之)時，(應常)心念言： (願)十方天下人，皆使(速)疾遠離於「婬泆、瞋怒、愚癡」。	⑼ (菩薩)若見「刺棘^{ㄐㄧ}」(之時)： 當願眾生，拔「三毒」(之)刺，無(生)「賊害」心。	⑼ (菩薩若)見「棘^{ㄐㄧ}刺樹」(之時)： 當願眾生，(速)疾得翦除(翦滅消除)「三毒」之刺。 70
⑽ (菩薩若)得「好葉樹」(之時)： 當願眾生，以「道」(而)自蔭(覆)，(而)入「禪三昧」。	⑽ 菩薩(若)見「葉樹」(之)時，(應常)心念言： (願)十方天下人，皆使「道」(而)覆蓋(而)得禪，(與)迴入「三昧」。	⑽ (菩薩若)見「樹茂葉」(之時)： 當願眾生，以「道」(而)自蔭^{ㄧㄣ}(覆)，(而)入「禪三昧」。	⑽ (菩薩若)見「樹葉茂」(之時)： 當願眾生，以「定」(而得)解脫，而(以)「道」為蔭^{ㄧㄣ}映(蔭覆遮映)。 71

十四－13 菩薩於路上見「華開、華樹、果實、流水、陂水、池沼、江海、汲井、汲水」時，約有 9 願

吳·支謙譯《佛說菩薩本業經》	西晉·聶道真譯《諸菩薩求佛本業經》	東晉·佛馱跋陀羅譯 六十《華嚴經·淨行品》	唐·實叉難陀譯 八十《華嚴經·淨行品》
(文殊師利菩薩告智首菩薩云：)	(文殊師利菩薩告智首菩薩云：)	(文殊師利菩薩告智首菩薩云：)	(文殊師利菩薩告智首菩薩云：)
			壹 (菩薩)若見「華開」(之時)： 當願眾生，(具)「神通」等法，如華(之)開敷(開展敷張)。72
貳 (菩薩若見)樹華「繁熾」(之時)： 當願眾生，(具)「三十二相」，諸好「滿具」(圓滿具足)。	貳 菩薩(若)見「華樹」(之)時，(應常)心念言： (願)十方天下人，皆使莊身(莊嚴其身)，得「三十二相」。	貳 (菩薩若)見樹「好華」(之時)： 當願眾生，開「淨」如華，相好「滿具」(圓滿具足)。	貳 (菩薩)若見「樹華」(之時)： 當願眾生，(具足)「眾相」如華，具「三十二」(相)。73
參 (菩薩若見)果蓏參 盛好(之時)： 當願眾生，起道樹行(生起菩提道樹之修行)，成(就)「無上果」。	參 菩薩(若)見「實樹」(之)時，(應常)心念言： (願)十方天下人，皆使得「華實」，悉「具足」於佛經中。	參 (菩薩若)見樹(上)「豐果」(之時)： 當願眾生，起道樹行(生起菩提道樹之修行)，成(就)「無上果」。	參 (菩薩)若見「果實」(之時)： 當願眾生，獲最勝法，證「菩提道」。74
肆 (菩薩若)觀諸「流水」(之時)：	肆 菩薩(若)見「流水」(之)時，(應常)心念	肆 (菩薩若)見諸「流水」(之時)：	肆 (菩薩)若見「大河」(之時)：

當願眾生，得正(法之)溝流，(而)入「佛海智」。	言： (願)十方天下人，皆使入「佛經」(之)流淵(深流淵海)中，悉得「佛智」。	當願眾生，得「正法」之流，(而)入「佛智海」。	當願眾生，得(參)預(於)「法流」，(而)入「佛智海」。 **75**
伍 (菩薩若)觀諸「陂ㄆㄛˊ池」(之時)： 當願眾生，(於)一切功德，「慧行」(皆)充滿。		**伍** (菩薩)若見「陂ㄆㄛˊ 水」(之時)： 當願眾生，悉得(疾悟)諸佛(道)，不壞(於)「正法」。	**伍** (菩薩)若見「陂ㄆㄛˊ 澤」(之時)： 當願眾生，(能)疾悟(於)諸佛(的)「一味」之法。 **76**
陸 (菩薩)若見「泉水」(之時)： 當願眾生，(能)入「佛淵智」，(於)所(有的)問(答皆具)無窮(盡的辯才)。	(複製十四-14的經文) 菩薩(若)見「泉水」(之)時，(應常)心念言： (願)十方天下人，皆使所問(於)「慧」者，多所(理)解，悉(體)會於「佛經道(法)」中。	**陸** (菩薩)若見「浴池」(之)時： 當願眾生，(能)入「佛海智」，(所有的)問答(皆具)無窮(盡之辯才)。	**陸** (菩薩)若見「池沼」(之)時： 當願眾生，「語」業(獲)滿足，(具)巧能「演說」。 **77**
柒 (菩薩若)遙望「江海」(之時)： 當願眾生，入(甚)深「佛藏」(的)「無盡」之法。 **78**			
捌 (菩薩若)見人「汲井」	**捌** 菩薩(若)見「井」(之)	**捌** (菩薩若)見人「汲井」	**捌** (菩薩)若見「汲井」(之

(之時)：	時，(應常)心念言：	(之時)：	時)：
當願眾生，開心(開悟心性)受法，得「一味」道。	(願)十方天下人，皆使早開「經門」(佛經法門)，(獲)「一味」(而)無有異。	當願眾生，得如來(之)辯(才)，(具)不可窮盡。	當願眾生，具足(如來之)「辯才」，(能)演一切法。⁷⁹
	㊂菩薩(若)見「汲水」(之)時，(應常)心念言：(願)十方天下人，皆使所(有的)「道智」悉具足，開(悟而入)入「功德法」中。⁸⁰		

十四－14 菩薩於路上見「泉水、澗水、大水、橋梁、修整園圃、果園、稻穀、園苑」時，約有 8 願

吳‧支謙譯 《佛說菩薩本業經》	西晉‧聶道真譯 《諸菩薩求佛本業經》	東晉‧佛馱跋陀羅譯 六十《華嚴經‧淨行品》	唐‧實叉難陀譯 八十《華嚴經‧淨行品》
（文殊師利菩薩告智首菩薩云：）	（文殊師利菩薩告智首菩薩云：）	（文殊師利菩薩告智首菩薩云：）	（文殊師利菩薩告智首菩薩云：）
	❶ 菩薩（若）見「泉水」（之）時，（應常）心念言： （願）十方天下人，皆使所問（於）「慧」者，多所（理）解，悉（體）會於「佛經道（法）」中。	❶ （菩薩）若見「泉水」（之時）： 當願眾生，「善根」無盡，境界無上。	❶ （菩薩）若見「涌泉」（之時）： 當願眾生，方便增長，「善根」無盡。 **81**
		❷ （菩薩若）見山「澗き水」（之時）： 當願眾生，洗濯き塵垢，「意」解（獲得）清淨。 **82**	（比對內容在後面）
	❸ 菩薩（若）見「大水」（之）時，（應常）心念言： （願）十方天下人，皆使悉重（於）持諸「功德法」，無有盡㸚（古通「漸」→盡；窮盡）時，（亦）無有能（越）過者。		

	⑧		
㈣	㈣	㈣	㈣
(菩薩若見可令人)過度(越過度脫)橋梁(之時)：當願眾生，興造「法橋」，度人(而)「不休」。	菩薩(若)見「橋梁」(之)時，(應常)心念言：(願)十方天下人，皆使得「諸經」，(獲)極過度(越過度脫)人，如(於)「橋梁」(上越)過(的)人，無有極止(之)時。(意指越橋而過，獲得度脫，度人乃無有「極止」時)	(菩薩)若見「橋梁」(之)時：當願眾生，興造(於)「法橋」，度人(而)「不休」。	(菩薩)若見「橋道」(之)時：當願眾生，廣度一切(眾生)，猶如「橋梁」(能令人越過度脫)。⑧④
			㈡
		(比對內容在前面)	(菩薩)若見「流水」(之時)：當願眾生，得善(的)「意」欲，洗除「惑垢」。
㈤	㈤	㈤	㈤
(菩薩若)見「修園圃」(之時)：當願眾生，耘除穢惡，不生(五)欲根。	菩薩(若)見「宅舍」(之)時，(應常)心念言：(願)十方天下人，皆使遠離於「愛欲」，十方人心(之)所念者，皆悉(能)知。菩薩(若)見「園」(之)時，(應常)心念言：(願)十方天下人，	(菩薩若)見「修園圃」(之時)：當願眾生，耘(古同「耘」)除穢惡，不生(五)欲根。	(菩薩若)見「修園圃」(之時)：當願眾生，(於)「五欲」(園)圃(？)中，耘(古同「耘」)除「愛」草。⑧⑤

	使心無所「拘著」(拘禁繫著)，不樂於「五音樂、五所思」。 (五音樂：五種樂器，指「琴瑟、笙竽、鼓、鐘、磬」。或「鼓、鐘、鐸鐸、磬、靲軬」。 五所思：有時亦譯作「五樂、五欲、五情樂、五情快樂、五境樂」，即指由「眼、耳、鼻、舌、身」這五種感官所得到滿足快樂)		
	(陸) 菩薩(若)見「果園」(之)時，(應常)心念言： (願)十方天下人，皆使心無所愁憂，悉得「深智」(之)本根。	(陸) (菩薩若)見「無憂林」(之時)： 當願眾生，心得歡喜，永除憂惱。	(陸) (菩薩若)見「無憂林」(之時)： 當願眾生，永離貪愛，不生憂怖。 **86**
(柒) (菩薩若)見田(地)「稻穀」(之時)： 當願眾生，廣殖「福德」，不為災患(之所擾)。 **87**			
(捌) (菩薩若)見「好園圃」(之時)： 當願眾生，得(眾善之)「周滿持」(周遍圓滿之勤修持)，(於菩提)「道	(捌) 菩薩(若)見「戲園」(之)時，(應常)心念言： (願)十方天下人，皆使無不「精進」者，	(捌) (菩薩若)見「好園池」(之時)： 當願眾生，勤修眾善，具足「菩提」。	(捌) (菩薩)若見「園苑」(之時)： 當願眾生，勤修諸行，趣「佛菩提」。 **88**

法」備具。	莫令離於「佛諸經」。		

十四－15 菩薩若見「莊嚴修飾人、土丘聚舍、眾人聚集、閑居」時，約有 4 願

吳・支謙譯 《佛説菩薩本業經》	西晉・聶道真譯 《諸菩薩求佛本業經》	東晉・佛馱跋陀羅譯 六十《華嚴經・淨行品》	唐・實叉難陀譯 八十《華嚴經・淨行品》
(文殊師利菩薩告智首菩薩云:)	(文殊師利菩薩告智首菩薩云:)	(文殊師利菩薩告智首菩薩云:)	(文殊師利菩薩告智首菩薩云:)
	壹	**壹**	**壹**
	菩薩(若)見「莊嚴大眾」出(現之)時，(應常)心念言: (願)十方天下人，皆使(獲)「莊嚴」(相)，於「三十二相」悉逮(到;及)得。	(菩薩若)見「嚴飾人」(之時): 當願眾生，(以)「三十二相」而自「莊嚴」。	(菩薩若)見「嚴飾人」(之時): 當願眾生，(獲)「三十二相」以為「嚴好」(莊養殊好)。 **89**
貳 (菩薩若)見(土)丘聚舍(之時): 當願眾生，常處(於)「仁、智」，(於)「道」(而)無「危殆」(危險疲殆)。 **90**			
參 (菩薩若)見精(舍)學堂(之時): 當願眾生，講誦「經道」(佛經道法)，日進不衰。 (此段比對內容已在前面，故不再重復編入號碼)	(比對內容在十四-12**陸**)		

㈣ （菩薩若）見（諸）人「眾聚」（之時）： 當願眾生，功滿（功德圓滿而）得（證）佛（道），成（就諸）「弟子眾」。 **91** ㈤ （菩薩若）見人「閑居」（之時）： 當願眾生，恬惔（惔古通「淡」。恬寂淡泊）無為，（能）遊志（遨遊心志於）典籍（佛典法籍）。 **92**			

十四－16 菩薩若見「無嚴飾之素服人、志樂之喜笑人、無樂著之憂愁人、不樂者、安隱之歡樂人、苦惱人、強健無病人、有疾病人」時，約有 8 願

吳‧支謙譯 《佛説菩薩本業經》	西晉‧聶道真譯 《諸菩薩求佛本業經》	東晉‧佛馱跋陀羅譯 六十《華嚴經‧淨行品》	唐‧實叉難陀譯 八十《華嚴經‧淨行品》
(文殊師利菩薩告智首菩薩云：)	(文殊師利菩薩告智首菩薩云：)	(文殊師利菩薩告智首菩薩云：)	(文殊師利菩薩告智首菩薩云：)
(菩薩若)得見「沙門」(之時)： 當願眾生，(具足)多聞、戒具(戒行具足)，誨人(而)不惓。	(比對內容請參後面 十四-16、17、18 的經文)	(比對內容請參後面 十四-16、17、18 的經文)	(比對內容請參後面 十四-16、17、18 的經文)
(菩薩若)見「異道人」(非屬於「佛教」皆名爲「異道人」)： 當願眾生，遠去「邪見」，入(佛教的)「八正道」。			
「意行」(意念之所行皆獲)具足，所欲者(皆得)成。			
(菩薩若)行到「城郭」(之時)： 當願眾生，持「戒」(而)完具(完整具足)，心無虧缺。			
(菩薩若)望見(王都)「宮闕」(之時)： 當願眾生，(具)聰明			

(聰慧明達)遠照，諸善(功德)普立。			
(菩薩)若見「帝王」(之時)： 當願眾生，得(以)奉(承)聖化(聖人的教化)，如「正道」(之)教。			
(菩薩若)見「帝王子」(之時)： 當願眾生，履(踐)「佛子」(之)行，化生(於)「法」中。			
(菩薩)若見「公卿」(之時)： 當願眾生，明於「道理」，助「利」(於)天下。			
(菩薩若)見「諸臣吏」(之時)： 當願眾生，「忠正」(忠心純正)順善(順修眾善)，無「固賊心」(固守賊害之心)。			
(菩薩若)見「被鎧甲」(之時)： 當願眾生，誓被(服)「法鎧」，不違本願。			

(菩薩若)見「魯鈍人」(之時)： 當願眾生，勇於「道義」，成(就)「四無畏」 (❶諸法現等覺無畏。❷一切漏盡智無畏。❸障法不虛決定授記無畏。❹為證一切具足出道如性無畏)。		**壹** (菩薩若)見「素服人」(之時)： 當願眾生，究竟得到「頭陀」(之)彼岸。	**壹** (菩薩若)見「無嚴飾」(無有莊嚴校飾之時)： 當願眾生，捨諸「飾好」(莊飾美好)，具「頭陀」行。 **93**
參 (菩薩若)見「憂愁人」(之時)： 當願眾生，離諸「恐怖」，無復(生)「憂戚」(憂愁悲戚)。	**參** 菩薩(若)見人(生)「愁憂」(之)時，(應常)心念言： (願)十方天下人，皆使莫復(生)「愁憂」。	**貳** (菩薩若)見「志樂人」(之時)： 當願眾生，清淨(於)「法樂」，以「道」(而)自娛。	**貳** (菩薩若)見「樂著人」(之時)： 當願眾生，以「法」(而)自娛，歡愛(於「道」而)不捨。 **94**
貳 (菩薩若)見「喜笑人」(之時)： 當願眾生，捨「非常樂」(指「樂」並非是永恒常存的，「樂」也是離不開「無常」義的)，(與)「五欲」自娛。	**貳** 菩薩(若)見人「樂」(之)時，(應常)心念言： (願)十方天下人，皆使樂喜(於)「深經」。 **肆**	**參** (菩薩若)見「愁憂人」(之時)： 當願眾生，於「有為法」(中)，心生厭離(之)。 (迷失於「有為法」中，造成憂愁症的發生)	**參** (菩薩若)見「無樂著」(此指「憂愁」之人)： 當願眾生，(於)「有為事」中，心無所樂(之)。 **95**

（陸）
(菩薩若)見「勤苦人」(之時)：
當願眾生，(皆)得「泥洹」道，「免度」(免脫越度；免去度脫)諸厄。

㊄
(菩薩若)見「安樂人」(之時)：
當願眾生，「安快」(安隱快樂)如佛(一樣)，憺ゟ怕ゟ(憺古通「憺」→憺然寂怕)無患(永無患難)。

（捌）

菩薩(若)見人「不樂」(之)時，(應常)心念言：
(願)十方天下人，皆使「恩愛」(而)無所(執)著。
96

㊄
菩薩(若)見人「安隱」(之)時，(應常)心念言：
(願)十方天下人，皆使(得)「安隱」，逮(到；及)得如佛(之)「安隱」(一樣)。

（陸）
菩薩(若)見人「勤苦」(之)時，(應常)心念言：
(願)十方天下人，皆使滅斯公(古通「漸」→盡)諸「勤苦」，悉見「正真道」。

（柒）

㊄
(菩薩若)見「歡樂人」(之時)：
當願眾生，得「無上樂」(而如佛一樣)，憺ゟ怕ゟ(怕古通「泊」→憺然寂怕)無患(永無患難)。

（陸）
(菩薩若)見「苦惱人」(之時)：
當願眾生，(能)滅除「眾苦」，得「佛智慧」。

（柒）

㊄
(菩薩若)見「歡樂人」(之時)：
當願眾生，常得「安樂」，(更應)樂(於)供養佛。
97

（陸）
(菩薩若)見「苦惱人」(之時)：
當願眾生，獲「根本智」，(能)滅除「眾苦」。
98

（柒）

(菩薩若)見「疾病人」(之時)： 當願眾生，知(色身爲)空(寂)、非身(非爲真實之色身)，(即)無(真實之)「苦痛」意。	菩薩(若)見人「強健」(之)時，(應常)心念言： (願)十方天下人，皆使「強健」，如佛時身(之)強健。	(菩薩若)見「強健人」(之時)： 當願眾生，(皆)得「金剛身」，無有衰耄⑻ (衰老昏耄)。	(菩薩若)見「無病人」(之時)： 當願眾生，(皆)入「真實慧」，永無「病惱」。 **99**
柒 (菩薩若)見「強健人」(之時)： 當願眾生，(皆)得「金剛形」，無有衰耗(衰老昏耗)。	**捌** 菩薩(若)見人「病」(之)時，(應常)心念言： (願)十方天下人，皆使念(色身)「無常」，悉入(於)「虛空」(即指「空性、空寂」法)中，盡「究竟」於「佛經」(而)莫復還。	**捌** (菩薩若)見「疾病人」(之時)： 當願眾生，知(色)身(皆)「空寂」，(應)解脫「眾苦」。	**捌** (菩薩若)見「疾病人」(之時)： 當願眾生，知(色)身(皆)「空寂」，(應遠)離「乖諍」(乖違鬥諍)法。 **100**

十四－17 菩薩若見「端正人、醜陋人、報恩人、不報恩人、沙門、婆羅門、仙人、苦行人」時，約有 8 願

吳·支謙譯 《佛說菩薩本業經》	西晉·聶道真譯 《諸菩薩求佛本業經》	東晉·佛馱跋陀羅譯 六十《華嚴經·淨行品》	唐·實叉難陀譯 八十《華嚴經·淨行品》
(文殊師利菩薩告智首菩薩云：)	(文殊師利菩薩告智首菩薩云：)	(文殊師利菩薩告智首菩薩云：)	(文殊師利菩薩告智首菩薩云：)
貳 (菩薩若)見「醜陋人」 (之時)： 當願眾生，去「醜惡」行，以「善」(而)自(莊)嚴。	壹 菩薩(若)見「端正人」(之)時，(應常)心念言： (願)十方天下人，皆使愛樂於「佛經」。	壹 (菩薩若)見「端正人」(之時)： 當願眾生，歡喜恭敬(於)「諸佛菩薩」。	壹 (菩薩若)見「端正人」(之時)： 當願眾生，於佛菩薩，常生「淨信」。 101
壹 (菩薩若)見「端正人」(之時)： 當願眾生，意行(意念之所行)「質直」(質樸正直)，愛好(於)道法。 (不是外表「端正」而已，而是「內心」意念也要「端正」的，身心、言行皆合一，且都要愛好佛法才是真正的「端正人」)	貳 菩薩(若)見「醜人」(之)時，(應常)心念言： (願)十方天下人，皆使莫墮(於)「醜惡」中。	貳 (菩薩若)見「醜陋人」(之時)： 當願眾生，遠離「鄙惡」(鄙陋邪惡)，以「善」(而)自(莊)嚴。	貳 (菩薩若)見「醜陋人」(之時)： 當願眾生，於「不善」事，不生「樂著」。 102
參 (菩薩若)見「報恩人」(之時)： 當願眾生，念佛(菩薩之)恩德，(廣)行「菩薩行」。	參 菩薩(若)見「報恩」(人之)時，(應常)心念言： (願)十方天下人，皆使「報恩」於諸(佛)菩薩。	參 (菩薩若)見「報恩人」(之時)： 當願眾生，常念「諸佛菩薩」(之)恩德。	參 (菩薩若)見「報恩人」(之時)： 當願眾生，於佛菩薩，能知「恩德」。 103

㊉ (菩薩若)見「背恩人」 (之時)： 當願眾生，降(服妄)心(而)伏(其惡)意，棄捐「諸惡」。	㊉ 菩薩(若)見「不報恩人」(之)時，(應常)心念言： (願)十方天下人，皆使無有「慳貪」，悉示人於「正道」。	㊉ (菩薩若)見「背恩人」(之時)： 當願眾生，(願其)常見「賢聖」(人)，不(再)作「眾惡」。	㊉ (菩薩若)見「背恩人」(之時)： 當願眾生，於「有惡」(之)人，不(再追)加其報(應)。 ❿
(複製十四-16的部份經文) (菩薩若)得見「沙門」(之時)： 當願眾生，(具足)多聞、戒具(戒行具足)，誨人(而)不倦。	㊄ 菩薩(若)見「沙門」(之)時，(應常)心念言： (願)十方天下人，皆使受(得)「諸經」，悉「究竟」(獲)得。	㊄ (菩薩)若見「沙門」(之)時： 當願眾生，(證)寂靜(獲得)調伏，「究竟」無餘(此指得「究竟解脫」的「無餘」涅槃道)。	㊄ (菩薩)若見「沙門」(之)時： 當願眾生，(獲得)調柔(而證)寂靜，畢竟第一。 ⓹
(複製十四-16的部份經文) (菩薩若)見「異道人」(非屬於「佛教」皆名為「異道人」)： 當願眾生，遠去「邪見」，入(佛教的)「八正道」。	㊅ 菩薩(若)見「異道人」(之)時，(應常)心念言： (願)十方天下人，皆使「諸惡根本」悉消盡傷△(窮盡；消盡)，「究竟」(獲得)諸經。	㊅ (菩薩若)見「婆羅門」(之時)： 當願眾生，得真清淨，(遠)離一切(諸)惡。	㊅ (菩薩若)見「婆羅門」(之時)： 當願眾生，永持「梵行」，(遠)離一切(諸)惡。 ⓺
(複製十四-16的部份經文) (菩薩若)得見「仙人」(之時)： 當願眾生，「意行」(意念之所行皆獲)具足，所欲者(皆得)成。	㊆ 菩薩(若)見「仙人」(之)時，(應常)心念言： (願)十方天下人，皆使所求(諸)願，盡悉(獲)得，(有)所作為，皆成(就具)足。	㊆ (菩薩)若見「仙人」(之時)： 當願眾生，向「正真」(之)道，(獲)究竟(之)解脫。 ⓻	

		(捌) (菩薩若)見「苦行人」 (之時)： 當願眾生，堅固(其) 「精勤」(心)，不退(轉 於)佛道。	(捌) (菩薩若)見「苦行人」 (之時)： 當願眾生，依於「苦 行」，(獲)至「究竟」 (之)處。 **108**

十四－18 菩薩若於「操守品行人、被鎧甲、無鎧仗、論議人、正命人、愚鈍人、講經人」時，約有7願

吳·支謙譯《佛說菩薩本業經》	西晉·聶道真譯《諸菩薩求佛本業經》	東晉·佛馱跋陀羅譯六十《華嚴經·淨行品》	唐·實叉難陀譯八十《華嚴經·淨行品》
(文殊師利菩薩告智首菩薩云：)	(文殊師利菩薩告智首菩薩云：)	(文殊師利菩薩告智首菩薩云：)	(文殊師利菩薩告智首菩薩云：)
			壹 (菩薩若)見「操行人」 (操守品行人之時)： 當願眾生，堅持(其)「志行」，不捨(於)「佛道」。 **109**
(複製十四－16 的部份經文) (菩薩若)見「被ㄆ鎧甲」(之時)： 當願眾生，誓被(服)「法鎧」，不違本願。	**貳** 菩薩(若)見「被鎧人」(之)時，(應常)心念言： (願)十方天下人，皆使受鎧(甲)，悉具足於「佛經」。	**貳** (菩薩若)見「著甲冑ㄓㄡ」(之時)： 當願眾生，誓(披)服「法鎧」，得「無師法」(Svayaṃbhū 無師者；自在者)。 (《大方廣佛華嚴經·卷五十二·如來出現品》云：於佛自在，心無疑惑，住「無師法」，深入如來無礙境界。所以「無師法」即是住於「諸佛自在無師之心法」)	**貳** (菩薩若)見「著甲冑」(之時)： 當願眾生，常(披)服「善鎧」，趣「無師法」(諸佛自在無師之心法)。 **110**
		參 (菩薩若)見「無鎧仗」(之時)： 當願眾生，遠離「眾惡」，親近「善法」。	**參** (菩薩若)見「無鎧仗」(之時)： 當願眾生，永離一切「不善」之業。

111

㊤肆
(菩薩若)見「論議人」
(之時):
當願眾生,於諸「異論」,悉能摧伏(之)。
112

㊤伍
(菩薩若)見「正命人」
(之時):
當願眾生,得「清淨命」,不矯(詐其)威儀。
113

㊤肆
(菩薩若)見「論議人」
(之時):
當願眾生,得無上辯(才),摧伏「外道」。

㊤伍
(菩薩若)見「正命人」
(之時):
當願眾生,得「清淨命」,(具)「威儀」(而)不異。

(正命人:以如法、正當、清淨的方式謀生者。

邪命人:以不如法、不正當、欺詐的方式謀生者)

(複製十四-16的部份經文)

(菩薩若)見「魯鈍人」
(之時):
當願眾生,勇於「道義」,成(就)「四無畏」
(❶諸法現等覺無畏。❷一切漏盡智無畏。❸障法不虛決定授記無畏。❹為證一切具足出道如性無畏)。

㊤陸
菩薩(若)見「愚鈍」
(人之)時,(應常)心念言:
(願)十方天下人,皆使(更)點慧健(點慧強健於其)所作為,莫墮(於)眾惡中。
114

㊤柒
菩薩(若)見「講經」
(人之)時,(應常)心念言:
(願)十方天下人,皆

	使(其)所聞知，無不(獲得)「解慧」者。❶❶❺		

ℙ.

svayaṃ-bhū 形 (甲 -u) 自身で存在する，独立自存する，自立の；仏陀に関する（まれ）. 男 [Brahmā 神の 名称]；[仏陀の 名称]；漢訳 世尊 Divy.；大覚，善逝 Gaṇḍ-vy.；如来 Gaṇḍ-vy., Ratna-ut.；自覚 Ratna-ut.；自然 Aṣṭ-pr., Divy., Laṅk., Sam-r.；自在 Ratna-ut.；自然起 Sūtr.；大自在 Rāṣṭr.；自然人，自然悟 自然而悟 Lal-v.；自然性 Vijñ-t.；無師 Gaṇḍ-vy., Sikṣ.；無師者，自在者 Laṅk.；無師自然 Bodh-bh.

svayambhū-jñāna 甲 漢訳 自在智，無師智 Ratna-ut.；自然智 Aṣṭ-pr., Suvik-pr.；自然智慧，自在之慧，自覚知，無師自然妙智 Bodh-bh.

十四－19 菩薩若見「帝王、太子、公卿長者、臣吏、城郭、王都宮闕」時，約有 6 願

吳·支謙譯《佛說菩薩本業經》	西晉·聶道真譯《諸菩薩求佛本業經》	東晉·佛馱跋陀羅譯六十《華嚴經·淨行品》	唐·實叉難陀譯八十《華嚴經·淨行品》
(文殊師利菩薩告智首菩薩云：)	(文殊師利菩薩告智首菩薩云：)	(文殊師利菩薩告智首菩薩云：)	(文殊師利菩薩告智首菩薩云：)
(複製十四-16 的部份經文) (菩薩)若見「帝王」(之時)： 當願眾生，得(以)奉(承)聖化(聖人的教化)，如「正道」(之)教。	壹 菩薩(若)見「帝王」(之)時，(應常)心念言： (願)十方天下人，皆使自致為「經中王」(此即同於「法王」之意)，(能)自然轉經(輪)，說道無有「休絕」(之)時。	壹 (菩薩)若見「帝王」(之時)： 當願眾生，逮(到；及)得「法王」，(能恒)轉「無礙」(之法)輪。	壹 (菩薩)若見於(帝)「王」(之時)： 當願眾生，得為「法王」，(能)恒轉「正法」。 **⑯**
(複製十四-16 的部份經文) (菩薩若)見「帝王子」(之時)： 當願眾生，履(踐)「佛子」(之)行，化生(於)「法」中。 (法王之子=法王子)	貳 菩薩(若)見「太子」(之)時，(應常)心念言： (願)十方天下人，皆使作「佛子」，常化生於「經」(法)中。	貳 (菩薩若)見「帝王子」(之時)： 當願眾生，履(踐)「佛子」(之)行，化生(於)「法」中。	貳 (菩薩)若見「王子」(之時)： 當願眾生，從「法」(而得)化生，而(成)為「佛子」。 **⑰**
(複製十四-16 的部份經文) (菩薩)若見「公卿」(長者之時)： 當願眾生，(善能)明(辨)於「道理」，助「利」(於)天下。	參 菩薩(若)見「公卿」(長者之)時，(應常)心念言： (願)十方天下人，皆使明(曉)於「深經」中，(於)所問(之)慧，莫不(獲得善)解(與)	參 (菩薩)若見(公卿)「長者」(之時)： 當願眾生，永離「愛欲」，深解(於)「佛法」。	參 (菩薩)若見(公卿)「長者」(之時)： 當願眾生，善能「明斷」(清明公正而果斷)，不行「惡法」。 **⑱**

	遣(釋)承用者。		
〔複製十四-16的部份經文〕(菩薩若)見「諸臣吏」(之時)：當願眾生，「忠正」(忠心純正)順善(順修眾善)，無「固賊心」(固守賊害之心)。	㊣菩薩(若)見「旁臣長吏」(之)時，(應常)心念言：(願)十方天下人，皆使「念正」(心念純正)，莫用有惡，無令「遠離」於諸菩薩。	㊣(菩薩)若見「大臣」(之時)：當願眾生，常得「正念」，修行「眾善」。	㊣(菩薩)若見「大臣」(之時)：當願眾生，恒守「正念」，習行「眾善」。❶❶❾
〔複製十四-16的部份經文〕(菩薩若)行到「城郭」(之時)：當願眾生，持「戒」(而)完具(完整具足)，心無虧缺。(持戒應如「城郭」一樣的)堅固」不可壞，亦如「金剛」之堅固身)	㊣菩薩(若)見「城」(之)時，(應常)心念言：(願)十方天下人，皆使「身體」無有與(之相)等者(既「無有與之相等」，即如「金剛」之堅固身)，悉令人(持戒作)善，無有能(越)過者。	㊣(菩薩)若見「城郭」(廓字古通「郭」，所以「廓」又可讀音爲ㄍㄨㄛ)：當願眾生，(獲)得(如「城郭」般的)「金剛身」，心不可沮(屈)。(城郭固守我們的生命戒律固守我們的慧命)	㊣(菩薩)若見「城廓ㄎㄨㄛ」(城牆鴻廓)：當願眾生，(獲)得(如「城廓」般的)「堅固身」，心無所(沮)屈。❶❷⓿
〔複製十四-16的部份經文〕(菩薩若)望見(華麗的王都)「宮闕」(之時)：當願眾生，(具)聰明(聰慧明達而能)遠(遠的)照(耀他方)，(所有)諸善(功德皆)普立。	㊣菩薩(若)見(華麗的王都)「宮闕」(之)時，(應常)心念言：(願)十方天下人，皆使樂(於)明(達)於(己)心，常念與(諸)「善功德」相值(遇)。	㊣(菩薩)若見(華麗的)「王都」(宮闕之時)：當願眾生，(具)明達(明曉通達而能)遠(遠的)照(耀他方)，(獲諸善)「功德」自在。(「王都宮闕」是「碧麗輝煌」的象徵，所以必能光明遠照，亦是諸善功德所聚之處)	㊣(菩薩)若見(華麗的)「王都」(宮闕之時)：當願眾生，(與諸善)「功德」共聚，心恒(生)喜樂。❶❷❶

十四－20 菩薩若見「貪欲人」時，有 1 願

吳·支謙譯《佛說菩薩本業經》	西晉·聶道真譯《諸菩薩求佛本業經》	東晉·佛馱跋陀羅譯六十《華嚴經·淨行品》	唐·實叉難陀譯八十《華嚴經·淨行品》
(文殊師利菩薩告智首菩薩云：) **壹** (菩薩若)見「貪欲人」 (之時)： 當願眾生，(以)「法」 (而)施(於)天下，無 (令生)「慳、貪」意。 **122**			
貳 (菩薩若)行持「錫杖」 (之時)： 當願眾生，依「仗」 於法，分流(分布流通) 德化(道德教化)。 (依「法」為師，以「法」為一 個「杖」的依止處)	**貳** 菩薩(若)見持「錫 杖」(之)時，(應常)心 念言： (願)十方天下人，皆 使常「作善」，為人 所(尊)仰，常欲施與 人，教人為「善法」。	(比對內容在十四-11**壹**)	(比對內容在十四-11**壹**)
參 (菩薩若)挾 持(挾依 執持)「應器」(pātra 缽 多羅；食缽之器)： 當願眾生，受(恩)而 知(所)施(之恩)，修 「六重法」。 (《長阿含經·卷九》云： 云何六成法？謂六重法： 若有比丘修六重法，可敬可 重，和合於眾，無有諍訟，	**參** 菩薩(若見執)持「鉢」 (之)時，(應常)心念 言： (願)十方天下人，皆 使多所「饋遺」 (饋贈遺施)，悉受所(有 的)供養，皆(能)入於 「無底」(之)功德中。	(比對內容在十四-11**貳**)	(比對內容在十四-11**貳**)

獨行無雜。云何六？

於是，比丘身常行慈，敬梵行者，住仁愛心，名曰重法，可敬可重，和合於眾，無有諍訟，獨行無雜。

復次，比丘口慈、意慈，以法得養及鉢中餘，與人共之，不懷彼此。

復次，比丘聖所行戒，不犯不毀，無有染汙，智者所稱，善具足持，成就定意。

復次，比丘成就賢聖出要，平等盡苦，正見及諸梵行，是名重法，可敬可重，和合於眾，無有諍訟，獨行不雜。

《般泥洹經》云：

又比丘，復有「六重法」，當善念行，可得久住：

一、為修身，以起慈心，依聖旬通，諸清淨者，行此重任，和一愛敬，施於同學，無取無諍，勉共守行行。

二、為修口善行，以起慈心。

三、為修意善行，以起慈心。

四、為所見法際，若得「衣食、應器、餘物」，終不愛藏。

五、為持戒不犯，不以撲質，能用勸人。

六、為若從「正見」得出正要、受道，苦盡度、知見了。

行此重任，皆以聖旬，通清淨用和愛敬，施於同道，無取無諍，轉相建立，

共守道行)			

十四－21 菩薩若於「乞食分衛、見到樹林山藪之妙色、到人之門戶、入門內堂室、難持戒、捨戒人」時，約有 6 願

吳・支謙譯《佛說菩薩本業經》	西晉・聶道真譯《諸菩薩求佛本業經》	東晉・佛馱跋陀羅譯 六十《華嚴經・淨行品》	唐・實叉難陀譯 八十《華嚴經・淨行品》
(文殊師利菩薩告智首菩薩云：)	(文殊師利菩薩告智首菩薩云：)	(比對內容在後面)	(比對內容在後面)
壹	**壹**		
(菩薩若)入里「分衛」(paiṇḍapātika 乞食;分越)：當願眾生，如「戒法」(之所要)求，無得疑妄(疑誤欺妄)。(《佛開解梵志阿 經》云：沙門不得儲貯米穀，朝朝乞食，不過七家；一家不得，乃到二家，匝七家不得，應但飲水)	菩薩(若)行「分越」(paiṇḍapātika 乞食)時，(應常)心念言：(願)十方天下人，皆使入(有)「佛法」(之)處，無有「忘誤」(遺忘失誤)時。**❶❷❸** (《根本說一切有部毘奈耶・卷十二》云：乞食之人，但遮五處：一、唱令家；二、婬女家；三、沽酒家；四、旃荼羅家；五、王家)		
		貳 (菩薩)若見(樹林山藪)「妙色」(之時)：當願眾生，(皆)得「上妙色」，(為)「天人」(之所)讚歎。	**參** (菩薩若)見處(於高大妙色的)「林藪」(樹林山藪)：當願眾生，應(得「上妙色」而)為「天人」之所歎仰(贊歎仰慕)。**❶❷❹**
		壹 (菩薩若)入里「乞食」(之時)：當願眾生，(能)入深	**壹** (菩薩若)入里「乞食」(之時)：當願眾生，(緣)入深

		「法界」，心無障礙。	「法界」，心無障礙。
(參) (菩薩若)到人(的)「門戶」(之時)：當願眾生，(皆)入「總持」(總持一切佛法之)門，悉(得)見「諸法」。	(參) 菩薩(若)至人(的)「家門」(之)時，(應常)心念言：(願)十方天下人，皆使(能)至「佛經」(佛法)門。	(參) (菩薩若)到人(的)「門戶」(之時)：當願眾生，(皆)入「總持」(總持一切佛法之)門，(得)見諸「佛法」。	(參) (菩薩若)到人(的)「門戶」(之時)：當願眾生，(皆)入於一切「佛法」之門。❶❷❺
(肆) (菩薩若)入人(的)「堂室」(之時)：當願眾生，昇(入)「佛聖堂」(之)深行微妙(法)。(深行微妙法，即同於「佛智慧」之意)	(肆) 菩薩(若)入「門內」(之)時，(應常)心念言：(願)十方天下人，皆使入「佛智慧」內。	(肆) (菩薩若)入人(的)「堂室」(之時)：當願眾生，(皆得)入「一佛乘」，明達(於)「三世」。	(肆) (菩薩若)入其(人之)「家」已：當願眾生，(皆)得入「(一)佛乘」，(於)「三世」(皆)平等。❶❷❻
		(伍) (菩薩若)遇「難持戒」(之時)：當願眾生，不捨「眾善」，永度(至)「彼岸」。❶❷❼	
		(陸) (菩薩若)見「捨戒人」(之時)：當願眾生，(能)超出「眾難」，度(脫)「三惡道」。❶❷❽	

十四－22 菩薩若遇「有人不捨飯、有人仍未辦飯、見空鉢、見滿鉢、得鉢飯」時，約有5願

吳·支謙譯《佛說菩薩本業經》	西晉·聶道真譯《諸菩薩求佛本業經》	東晉·佛馱跋陀羅譯 六十《華嚴經·淨行品》	唐·實叉難陀譯 八十《華嚴經·淨行品》
	(文殊師利菩薩告智首菩薩云：)		(文殊師利菩薩告智首菩薩云：)
	壹		壹
	菩薩(若遇有人)未受(予)「飯食」(之)時，(應常)心念言：(願)十方天下人，皆使無有「逆難」，悉入(於)「般若」波羅蜜經中。	(比對內容在最下面一段)	(菩薩若)見(有)「不捨」(不願施捨飯食之)人：當願眾生，(能)常不捨離「勝功德」法。❷129
	貳		貳
	菩薩(若於仍)未得飯(之)時，(應常)心念言：(願)十方天下人，皆使莫復墮(於)泥犁(naraka 地獄；那洛迦)、禽獸(tiryag-yoni 畜生)、薜荔(preta 餓鬼)，(及)監樓(監獄的閻魔羅闍。yama-rāja 閻羅王)惡道中。		(菩薩若)見能(施)捨人(之時)：當願眾生，永得捨離「三惡道」苦。❷130
	參	參	參
	菩薩(若)見「空鉢」(之)時，(應常)心念言：(願)十方天下人，皆	(菩薩)若見「空鉢」(之)時：當願眾生，其心清淨，空無「煩惱」。	(菩薩)若見「空鉢」(之)時：當願眾生，其心清淨，空無「煩惱」。

			131
	使「空」於「愛欲」中。		
	㊃ 菩薩（若）見「滿鉢」（之）時，（應常）心念言：（願）十方天下人，皆使（成就圓）滿（於）「諸功德」中。	㊃ （菩薩）若見「滿鉢」（之時）：當願眾生，具足「成滿」（成就圓滿於）一切（的）善法。	㊃ （菩薩）若見「滿鉢」（之時）：當願眾生，具足「成滿」（成就圓滿於）一切（的）善法。 **132**
	㊄ 菩薩（若得）見「受飯鉢」（之）時，（應常）心念言：（願）十方天下人，皆使（能）奉行「佛道」事。	㊄ （菩薩）若得「食」（之）時：當願眾生，為「法」（而作）供養，（能）志在（於）「佛道」。	㊄ （菩薩）若得（被）「恭敬」（的鉢飯之時）：當願眾生，恭敬修行（於）一切佛法。 **133**
		㊀ （此段與最上面一段內容相同，但同時又與右邊這段相同） （菩薩）若（見有）「不得食」（之時）：當願眾生，遠離一切諸「不善行」。	（菩薩若）不得（被）「恭敬」（的鉢飯之時）：當願眾生，不行一切「不善」之法。

十四－23 菩薩若遇「具慚恥人、無慚恥人、得美食、不得美食、得柔軟食、得麁澁食」時，約有 6 願

吳・支謙譯《佛說菩薩本業經》	西晉・聶道真譯《諸菩薩求佛本業經》	東晉・佛馱跋陀羅譯六十《華嚴經・淨行品》	唐・實叉難陀譯八十《華嚴經・淨行品》
(文殊師利菩薩告智首菩薩云：)	(文殊師利菩薩告智首菩薩云：)	(文殊師利菩薩告智首菩薩云：)	(文殊師利菩薩告智首菩薩云：)
壹 (菩薩若)與(知)「廉」人(而)坐(之時)： 當願眾生，(具)廉潔(清廉謹潔)知「恥」，所作(皆)不妄。	壹 菩薩(若)見(具)「慚愧」人(之)時，(應常)心念言： (願)十方天下人，皆使無不(生)「慚愧」於「愛欲」者。	壹 (菩薩若)見(具)「慚愧」人(之時)： 當願眾生，(具)「慚愧」(之)正行，調伏諸(六)根。	壹 (菩薩若)見(具)「慚恥」(慚愧、羞恥)人(之時)： 當願眾生，具「慚恥」(之正)行，藏護(攝藏與護念)諸(六)根。 ❸❹
貳 (菩薩若)坐(於)「有貪人」(之時)： 當願眾生，無有強[顏](勉強厚顏而不知羞恥)、貪鄙(貪婪鄙陋)之心。	貳 菩薩(若)見「不慚愧」人(之)時，(應常)心念言： (願)十方天下人，皆使心(之)所念「惡」悉棄捐，莫不(生)「慈哀」者。	貳 (菩薩若)見「無慚愧」(人之時)： 當願眾生，(捨)離「無慚愧」，普行「大慈」。	貳 (菩薩若)見「無慚恥」(人之時)： 當願眾生，捨離「無慚」，住「大慈」道。 ❸❺
參 (菩薩若)得「香美食」(之時)： 當願眾生，知節(知道節制而)「少欲」，(於貪欲之)情(而)無所著。	參 菩薩(若)得「美食」(之)時，(應常)心念言： (願)十方天下人，皆使(其)所願，無不「悉得」者，(但其)心無沾污(沾染污穢)。	參 (菩薩若)得「香美食」(之時)： 當願眾生，知節(知道節制)「少欲」，(於貪欲之)情(而)無所著。	參 (菩薩)若得「美食」(之時)： 當願眾生，(皆能)滿足其願，心無(生)「羨欲」(羨慕貪欲之心)。 ❸❻
肆	肆	肆	肆

(菩薩若)得「不美食」(之時)： 當願眾生，知身(如)「幻法」，(於)「好、惡」(皆)無異。		(菩薩若)得「不美食」(之時)： 當願眾生，具足成滿(成就圓滿)「無願」三昧。 (「無願」又作「無作門、無欲門」。若能知諸法皆「無相」，則於三界即無所「願求」；若無「願求」，則不造作生死之業；若無生死之業，則無果報之「苦」而獲得自在)	(菩薩若)得「不美食」(之時)： 當願眾生，莫不獲得諸「三昧」味。❸⓿ (「禪悅」爲食才是重點，而不是「美食」或「不美食」的分別執著心)
		㈤ (菩薩若)得「柔軟食」(之時)： 當願眾生，(由)「大悲」(之)所熏，(具)心意「柔軟」。	㈤ (菩薩若)得「柔軟食」(之時)： 當願眾生，(由)「大悲」(之)所熏，(具)心意「柔軟」。❸❽
	㈥ 菩薩(若)得「鹿飯食」(之)時，(應常)心念言： (願)十方天下人，皆使(具)「柔軟」心，無不(生)「愍傷」(於眾生)者。	㈥ (菩薩若)得「鹿澀食」(之時)： 當願眾生，永得遠離世間「愛味」(貪愛之味)。	㈥ (菩薩若)得「鹿澀食」(之時)： 當願眾生，心無染著，(斷)絕世(間)「貪愛」(之味)。❸❾

十四－24 菩薩若於「嚥飯食、噉雜味、飯食已訖、飯後說法與咒願、飯畢退坐從舍出」時，約有 5 願

吳・支謙譯《佛説菩薩本業經》	西晉・聶道真譯《諸菩薩求佛本業經》	東晉・佛馱跋陀羅譯 六十《華嚴經・淨行品》	唐・實叉難陀譯 八十《華嚴經・淨行品》
(文殊師利菩薩告智首菩薩云：)	(文殊師利菩薩告智首菩薩云：)	(文殊師利菩薩告智首菩薩云：)	(文殊師利菩薩告智首菩薩云：)
壹 (菩薩若於)舉飯「向口」(之時)： 當願眾生，悉得「諸經」(與)諸佛「法味」。	壹 菩薩(若於)飯(食之)時，(應常)心念言： (願)十方天下人，皆使如「禪」(悅之)食足，常飽於「經」(法)。	壹 (菩薩)若(於)「嚥食」(之)時： 當願眾生，(以)「禪悅」為食，(於)「法喜」充滿。 ⑭	壹 (菩薩)若(於)「飯食」(之)時： 當願眾生，(以)「禪悅」為食，(於)「法喜」充滿。
貳 (菩薩若於)所噉「雜味」(之時)： 當願眾生，味味(皆)如佛(之「最上味」)，(顯)化成「甘露」(之美味)。 (味味皆如從佛的喉嚨所顯化的「最上」美味，成為「甘露」味)	貳 菩薩(若受於諸)「食味」(之)時，(應常)心念言： (願)十方天下人，皆使(得)「飽」味，如(從)佛(之)喉咽所(顯)化(之)味時，悉令逮(到；及)得於「甘露」名(之)經(法)。	貳 (菩薩若)所食(為)「雜味」(之時)： 當願眾生，(皆)得佛(之最)「上味」，(顯)化成「甘露」(之美味)。 (味味皆如從佛的喉嚨所顯化的「最上」美味，成為「甘露」味) ⑭	貳 (菩薩)若受(食於諸)味(之)時： 當願眾生，(皆)得佛(之最)「上味」，(具)「甘露」滿足(之美味)。 ⑭
參 (菩薩若於)「飯食」已訖(之時)： 當願眾生，「德行」充盈(充遍盈滿)，成(就)「十種力」。 (如來十力：①處非處智力。②業異熟智力。③靜慮解脫	參 菩薩(若於)「飽已」(之)時，(應常)心念言： (願)十方天下人，皆使(其)所作為，悉(獲)成足(成就滿足)，(具)入「佛經」(之)極	參 (菩薩若於)「飯食」已訖(之時)： 當願眾生，「德行」充盈(充遍盈滿)，成(就)「十種力」。 (飯食可增長眾生之力氣、元氣)	參 (菩薩若於)「飯食」已訖(之時)： 當願眾生，所作皆辦，具諸佛法。 ⑭

等持等至智力。④根上下智力。⑤種種勝解智力。⑥種種界智力。⑦遍趣行智力。⑧宿住隨念智力。⑨死生智力。⑩漏盡智力)	過去。 (「極過去」可能指「極過去際、盡現在際、窮未來際」,於此三世,悉見悉知之意)		
㊉肆 (菩薩若於飯後為施主)講經「說法」(之時): 當願眾生,志意開達(開曉通達),聞法即(能)寤。 (菩薩若於飯後為施主)呪願(與)達嚫ㄔ(dakṣiṇā,指居士布施給三寶「金銀財物」等,應為施主「說法」,此即稱為「財施、施頌、達嚫」。或僧人受「施主」布施「衣服、臥具、醫藥、房舍」等時,應為施主「說法」,此亦稱為「達嚫」): 當願眾生,悉令通(達於)佛(之)「十二部經」。	肆 菩薩(若於飯後為施主)「說經」(與)「呪願」(之)時,(應常)心念言: (願)十方天下人,皆(能)說所(說之)道,(辯才)無有(窮)盡時,悉(能)入佛諸「深經」中。	肆 (菩薩)若(於飯後為施主)「說法」(之)時: 當願眾生,(能)得無盡(之)辯(才),深達「佛法」。	肆 (菩薩)若(於飯後為施主)「說法」(之)時: 當願眾生,(能)得無盡(之)辯(才),廣宣「法要」。 ⑭143
㊄伍 (菩薩若於飯後為施主講法完畢)罷坐(而)「退去」(之時): 當願眾生,(於)一切(皆獲)究竟,得「三甘露」。 (很可能是指羅道眞《諸菩	伍 菩薩(若於飯後為施主)說經(與)「呪願」(完畢)已,(於)「出去」(之)時,(應常)心念言: (願)十方天下人,皆使出(離)於「三處」(三界),(於)「色、無	伍 (菩薩若於飯後為施主講法完畢)退坐(而)「出堂」(之時): 當願眾生,(皆能)深入(於)「佛智」,永出(離)「三界」。	伍 (菩薩若於飯後為施主講法完畢)從「舍出」(之)時: 當願眾生,(皆能)深入(於)「佛智」,永出(離)「三界」。 ⑭144

薩求佛本業經》的「色、無常、空」三種?)	常、空」中,悉受得「佛智慧」。		

咒願;祝願

(1)指沙門於「受食」等之際,以「唱誦」或敘述「咒語」之方式為眾生「祈願」,又譯作「祝願」。據《十誦律》卷四十一載,古代印度婆羅門於「受食」畢,為施主「祝願」讚歎,後釋尊沿用此法為沙門之制。

(2)《摩訶僧祇律》卷三十四,明威儀法,載有諸種「咒願」文,如為「亡人、生子、商旅、娶婦、布施僧眾」等祈福。諸律中多謂「咒願」皆行於「飲食」之後,然據《成具光明定意經》、《過去現在因果經》等載,也有在受食之「前」亦行「咒願」的。

(3)據《四分律刪繁補闕行事鈔·卷下》三「計請設則篇」載,沙門道安即行食前「咒願」。

(4)後世通常將「咒願」又分為「食時咒願」與「法會咒願」兩種,即:

❶食時「咒願」,於齋前或食畢所行。為施主乃至法界一切沉溺諸有情求願,如現今常以「三德六味,供佛及僧,法界有情,普同供養」作為齋前之願,以「飯食已訖,當願眾生,所作皆辦,具諸佛法」為「飯畢」後之「咒願」。

❷法會「咒願」,即於諸供養會中,或於諸堂修整落成,或於「說法畢」所作之「祝願」,係為眾生「祈福、消災」用。

(5)凡修大乘「菩薩行」之行者,於其「行住坐臥」一切行儀,亦悉應時時「咒願」,而不限於上述之「食時、法會」等,如《華嚴經、卷六·淨行品》所述,菩薩行者於「身口意」三業所作之「咒願」,即能得一切「勝妙功德」。

(6)《增一阿含經·卷二十九》謂,依「咒願」之功德可成就「六德」,即施主檀越能得「信根」成就、「戒德」成就、「聞成就」等三法;施物亦能得「色成就、味成就、香成就」等三法。

卐關於飲食前要誦「三鉢羅伕多」的「梵音」研究

《根本說一切有部尼陀那目得迦》卷8

(1)爾時世尊就座而坐,所有供食,置上座前,佛告具壽阿難陀曰:汝可遍語諸「苾芻」等,若(仍)未唱:「三鉢羅伕多」(saṃprāgata)已來,不應一人輒先「受食」。

(2)時具壽阿難陀如佛所勅,告諸苾芻:次遣一人,(先)於上座(之)前,(先)唱:「三鉢

「羅佉多」(saṃprāgata)。由是力故，於飲食內「諸毒」皆除。

《根本説一切有部尼陀那目得迦》卷8

(1)我今制之：凡於眾首，為「上座」者，所有「供食」，置在眾前，先令「一人」，執持飲食，或先行鹽在上座前，曲身恭敬，唱：「三鉢羅佉多」(saṃprāgata)，(若仍)未唱(此咒)已來，不得(先)受食。

(2)當知此(咒)言有「大威力」，(若)輒違「受食」(指沒有先誦「三缽羅佉多」的咒句就直接飲食)，得「惡作罪」(突吉羅 duṣkṛta。指身體之微細惡行，有時亦包括口舌之微細惡行。「惡」即指「厭惡」；「作」指「所作」，就是「厭惡」你所曾作過的事，於「作惡事」後生起「追悔」之心)。

(三鉢羅佉多，譯為「正至」，或為「時至」，或是「密語神咒」，能「除毒」故。昔云「僧跋」者，訛也。佛教遣唱食前，今乃後稱，食遍非直，失於本意。上座未免其愆，訛替多時，智者詳用)

《南海寄歸內法傳》卷1

口唱「三鉢羅佉哆」(saṃprāgata。據《佛光大辭典》云：其義有二，❶施主對眾僧表白其「平等施」之意。❷指眾僧所食均為「同一味」)，譯為「善至」，舊云「僧跋」者，訛也。

saṃ→同等、一致、正等、平齊、平等
pra→極勝
āgata→來、至、入、得、歸

《佛説梵摩難國王經》卷1

佛於是令阿難(若欲)臨飯(之時)，(應先誦)説「僧跋」(saṃprāgata)，(所謂)「僧跋」者，(即指)眾僧(於)飯(時)，皆悉(獲得)「平等」。

《翻梵語》卷3

僧跋

應云「僧鉢剌哆」(saṃprāgata)，譯曰「等至」。

十四－25 菩薩若於「入水欲澡浴、正澡浴色身、遇盛暑、見寒冰、誦經偈、親見佛陀、諦觀佛陀」時，約有 7 願

吳・支謙譯 《佛說菩薩本業經》	西晉・聶道真譯 《諸菩薩求佛本業經》	東晉・佛馱跋陀羅譯 六十《華嚴經・淨行品》	唐・實叉難陀譯 八十《華嚴經・淨行品》
(文殊師利菩薩告智首菩薩云：)	(文殊師利菩薩告智首菩薩云：)	(文殊師利菩薩告智首菩薩云：)	(文殊師利菩薩告智首菩薩云：)
壹 (菩薩)若欲「入水」(準備澡浴之時)： 當願眾生，身口意(清)淨，(平)等於「三塗」。 (支謙對於「過去現在未來」的「三世」經常譯作「三塗」，但如此極容易誤解作「三惡道」義)	壹 菩薩(若欲)「入水」(準備澡浴之)時，(應常)心念言： (願)十方天下人，皆使入「佛智慧」中，(於)「過去、當來、今現在」悉(皆)「平等」。	壹 (菩薩)若(欲)「入水」(準備澡浴之)時： 當願眾生，(皆)深入(於)「佛道」，(平)等(通)達(於)「三世」。	壹 (菩薩)若(欲)「入水」(準備澡浴之)時： 當願眾生，(皆)入「一切智」，知「三世」(平)等。 ⑭⑤
貳 (菩薩若於)「澡浴」身體(之時)： 當願眾生，(能)蕩除「心垢」，(得)見「生死」(之本)際。	貳 菩薩(若於澡)「浴」(之)時，(應常)心念言： (願)十方天下人，皆使洗除「心垢」，悉令(除)去，(具光)明極照(而)至(無盡之)邊(際)。	貳 (菩薩若於)「澡浴」身體(之時)： 當願眾生，「身心」(皆)無垢，(具)光明(而至)無量。	貳 (菩薩若於)「洗浴」身體(之時)： 當願眾生，「身心」(皆)無垢，內外(具)光潔(光明潔淨)。 ⑭⑥
參 (菩薩若於)「盛暑」熱極(之時)： 當願眾生，得「清涼定」，滅一切苦。	參 菩薩(若)見「熱」(之)時，(應常)心念言： (願)十方天下人，皆使遠離於熱(惱)，(獲)極過度(越過度脫)去。	參 (菩薩若於)「盛暑」炎熾(之時)： 當願眾生，離「煩惱熱」，得「清涼定」。	參 (菩薩若於)「盛暑」炎毒(之時)： 當願眾生，捨離「眾惱」，一切皆(滅)盡。 ⑭⑦

肆	肆	肆	肆
（菩薩若於）冰凍「寒甚」（之時）： 當願眾生，心冷（而將）愛除（愛欲除滅），無復（生）「情欲」。	菩薩（若於）見「寒」（之）時，（應常）心念言： （願）十方天下人，皆使作人中（之）將（領），得極「明涼」（之）好處。	（菩薩若於）「隆寒」氷結（之時）： 當願眾生，（獲得）究竟解脫（之）無上「清涼」。	（菩薩若於）暑退（而）「涼初」（之時）： 當願眾生，證「無上法」，（獲得）究竟「清涼」。 ❶❹❽ 148
伍	伍	伍	伍
（菩薩若於）誦讀「經偈」（之時）： 當願眾生，博解「諸法」，無復（再）「漏忘」（因此便得以「總持」一切諸法）。	菩薩（若）見「誦經」（之）時，（應常）心念言： （願）十方天下人，皆使（深）解於「諸經」處，盡求索「智」，悉「攬持」（總攬執持）諸「慧」。	（菩薩若於）諷誦「經典」（之時）： 當願眾生，得「總持」（總持一切佛法之）門，（統）攝一切法。	（菩薩若於）諷誦「經」（之）時： 當願眾生，順佛（之）所說，「總持」（總持一切佛法而）不忘。 149
陸	陸	陸	陸
（菩薩）若（能）得「見佛」（之時）： 當願眾生，常與（諸）佛（共）會，行「七覺意」。 （七覺支 saptabodhyaṅgāni，七菩提分。❶念覺支。❷擇法覺支。❸精進覺支。❹喜覺支。❺輕安覺支。❻定覺支。❼捨覺支）	菩薩（若能得）「見佛」（之）時，（應常）心念言： （願）十方天下人，皆使（能）與諸佛「共會」，心無所罣礙。	（菩薩）若（能得）「見如來」（之時）： 當願眾生，悉得「佛眼」，見諸「最勝」（法）。	（菩薩）若（能）得「見佛」（之時）： 當願眾生，得「無礙眼」，見（證）一切（諸）佛。 150
柒	柒	柒	柒

(菩薩若不得見佛，只能) 見「佛圖像」(之時)：當願眾生，悉(能目)覩(於)「十方」，眼無「障蔽」。	菩薩(若不得見佛，只能) 上向「視佛」(之)時，(應常)心念言：(願)十方天下人，皆使眼所視(而)無所罣礙，(所)見(而)「無極」(無有極限)處。	(菩薩若不得見佛，只能) 諦觀「如來」(之時)：當願眾生，悉(能目)覩(於)「十方」，(然後修學普賢菩薩的「大願行」，皆具)端正如「佛」(般的莊嚴)。	(菩薩若不得見佛，只能) 諦觀「佛」(之)時：當願眾生，皆如普賢(菩薩所修的「大願行」一樣)，(能具)端正「嚴好」(而如「佛」般的莊嚴)。 ⓯ (清·戒顯訂閱。濟岳彙箋《沙彌律儀毗尼日用合參·卷二》云：「端正嚴好」者，謂普賢「因」中「行願」齊修，故其「報身」，福慧莊嚴，世間無比。故當修普賢行願，而成「嚴好」之相也)

卐「佛像」是有一定的「觀像法」准則，而不是只看「佛臉」，其餘的細節全部忽略

凡一切相皆是「虛妄」的！法無定法，相無定相！但《佛說觀佛三昧海經》與《佛說觀無量壽佛經》卻告訴你：

「佛像」其實還是有一定的「觀像法」准則的，而不是只看「佛臉」即可，其餘全部都忽略掉！

《佛說觀佛三昧海經》卷9觀像品9

(1)阿難白佛：世尊！佛「涅槃」後，此等愚人，無依無怙，無歸依處，云何如來說「除罪法」？

(2)佛告阿難：……當勤修習「觀佛三昧」。

(3)阿難白佛言：世尊！如來「在世」，眾生(能)現見(如來)，(要)觀佛相好、(要)觀佛光明，尚不了了(不能清楚明了)，況佛「滅」後，佛不「現在」，當云何「觀」？……

(4)(若)樂(於)「逆觀」者：(則)從(佛)像(之)「足指」(開始觀起)從(佛)像(之)「足指」(開始觀起)，次第(的往上)「仰觀」，初觀「足指」，繫心令專，緣「佛足指」，經一七日，閉目開目，令了了見「金像、足指」。

(5)漸次復觀「兩足趺」(腳面;腳背)上，令了了見；次觀「鹿王踹𨄔」(古同「腨𨄔」➔小腿肚子)，心既專已，次第至(佛的頂)「髻」，從(頂)「髻」(再)觀(佛)「面」。若不(能)明了，復更「懺悔」，倍自「苦策」，以戒淨故，見「佛像面」，如真「金鏡」，(必須)了了分明。

(6)作是觀已，(再)觀(佛)眉間(白)「毫」，如「頗梨」珠，「右旋」宛轉，此相現時，見佛「眉眼」，如「天畫師」之所畫作，見是事已，次(再)觀「頂光」(佛頂放光)，令分明了，如是「眾相」，名為「逆觀」。

(7)(若欲作)「順觀像」者：(則)從(佛的)頂上諸「螺文」(螺古通「蠡、蠃」，即「螺」也)間，(佛頭頂的)一一「螺文」，(都要)繫心諦觀，令心了了，見佛(之)「螺文」，猶如「黑絲」(黑髮絲一般)，(螺文都是)「右旋」宛轉(的相)。

(8)次(再)觀「佛面」，觀「佛面」已，具足觀(佛的全)「身」，(逐)漸(再往)下至(佛)「足」，如是往返，凡(共觀佛像達)「十四遍」，諦觀一「像」，極令了了(分明清楚)，觀一成已，(於)出定、入定，(皆能)恒見「立像」在行者(之)前，見一了了(分明清楚)……

(9)念想成已，閉目叉手，端坐正受，更作「遠想」，滿十方界，見「一切像」，身純「金色」，放大光明……此念想成，名「觀立像」。

(10)佛告阿難：如是觀者，名為「正觀」，若異觀者，名為「邪觀」。餘相現者，別境界出，當疾除之。作是觀者，除却「六十億劫」生死之罪，亦名「見佛」……麁心「觀像」尚得如是無量功德，況復繫念觀佛「眉間白毫」相光？……

(11)佛告阿難：若有眾生欲「觀像坐」，當如是觀。作是觀者，名為「正觀」，若他觀者名為「邪觀」。若有眾生「觀像坐」者，除「五百億劫」生死之罪。

《佛說觀無量壽佛經》

(1)觀世音菩薩面如「閻浮檀金色」(jambūnada-suvarṇa 紫金)；眉間毫相，備「七寶色」，流出「八萬四千」種光明……

(2)臂如「紅蓮花色」，有「八十億」微妙光明，以為「瓔珞」；其「瓔珞」中，普現一切「諸莊嚴事」。

(3)(觀世音菩薩)手掌作「五百億」雜「蓮華色」；手十指端，一一指端有「八萬四千」畫，猶如「印文」(如印跡上所現出的文字)……

(4)(觀世音菩薩)舉足(提腳跨步)時，足下有「千輻輪相」，自然化成「五百億」光明臺。(觀世音菩薩)下足時，有「金剛摩尼花」，布散(流布播散)一切，莫不彌滿。

(5)(觀世音菩薩)其餘身相，眾好具足，如佛無異，唯頂上「肉髻」及「無見頂相」，不及(釋迦佛)世尊。是為「觀觀世音菩薩真實色身相」，名第十觀。

(6)佛告阿難：若欲觀觀世音菩薩，當作是觀。(能)作是觀者，(皆)不遇「諸禍」，(能)淨除「業障」，(能)除「無數劫」生死之罪。

(7)如此(觀世音)菩薩，但聞其名(觀世音菩薩之名號)，(即)獲無量福，何況諦觀(審諦觀照)！

(8)若有欲觀觀世音菩薩者，當先觀「頂上肉髻」，次觀「天冠」。其餘眾相，亦次第觀之，悉令明了，如觀掌中。

(9)作是觀者，名為「正觀」。若他觀者，名為「邪觀」。

十四－26 菩薩若「得見佛塔舍利、諦觀佛塔、頂禮佛塔、禮佛塔後起身、右遶佛塔一匝、右遶佛塔三匝、讚詠佛功德、稱譽佛相莊嚴」時，約有 8 願

吳‧支謙譯 《佛說菩薩本業經》	西晉‧聶道真譯 《諸菩薩求佛本業經》	東晉‧佛馱跋陀羅譯 六十《華嚴經‧淨行品》	唐‧實叉難陀譯 八十《華嚴經‧淨行品》
		(文殊師利菩薩告智首菩薩云：) 壹 (菩薩若得)見「佛塔廟」(之時)： 當願眾生，(亦具自性之舍利，能獲得)「尊重」如(佛)塔(般)，(亦能得)受「天人」(之所供養與尊)敬。 (清‧戒顯訂閱。濟岳彙箋《沙彌律儀毗尼日用合參‧卷二》云：佛塔者，一切諸佛「舍利」之塔也。凡見諸佛舍利之塔，固當尊重；不知一切眾生，亦具有「舍利」，同於諸佛，亦宜尊重。云何眾生「不自見」者？秖爲不重「己靈」，被諸煩惱障蔽。若能尊重「佛塔」，即是尊重「己靈」，即是不被煩惱障蔽處，即是「自己舍利」放光處，即是同於「諸佛舍利」，無所增減處。故曰：受人天供。此句但在「如」字上看，則受供，非「分外」也) (本段另一解)	(文殊師利菩薩告智首菩薩云：) 壹 (菩薩若得)見「佛塔」(舍利之)時： 當願眾生，(亦具自性之舍利，能獲得)「尊重」如(佛)塔(般)，(亦能得)受「天人」(之所)供(養與尊敬)。 **152** (本段另一解)

（菩薩若得）見「佛塔」（舍利之）時：
當願眾生，「尊重」如（真佛於）塔（內般），受「天人」（之所）供（養與尊敬）。

貳

（菩薩若不得見佛塔舍利，只能）敬心「觀塔」（之時）：
當願眾生（尊重如有「真佛塔」存在一樣），（皆能獲得）諸天及人，所共「瞻仰」。
❿❸

参
（菩薩若欲）頂禮於（佛）「塔」（舍利之時）：
當願眾生（與）一切天人，（皆）無能（得）見（佛陀之）頂（相）。
❿❹

（菩薩若得）見「佛塔廟」（之時）：
當願眾生，「尊重」如（真佛於）塔（內般），受「天人」（之所供養與尊）敬。

貳

（菩薩若不得見佛塔舍利，只能）敬心「觀塔」（之時）：
當願眾生，尊重如（有真）佛（塔存在一樣），（亦得受）天人（之所）宗仰（宗敬景仰）。

参
（菩薩若欲）頂禮「佛塔」（舍利之時）：
當願眾生，得（以成就）道如「佛」（一樣），無能（得）見（佛陀之）頂（相）。

参
菩薩（若）為佛（塔舍利）「禮拜」，（於）「頭腦」著地（之）時，（應常）心念言：
（願）十方天下人，皆使無有能逮（到；及）見「佛頭」上者（此意指佛陀為「無見頂相」者），（所有）天上、天下（的眾生，皆無有能見「佛頂相」者）。

肆
菩薩（若於）拜起，（於）正視佛（塔之）時，（應常）心念言：

参
（菩薩若欲）拜謁佛（塔舍利之）時：
當願眾生，得（以成就佛）道如「佛」（一樣），莫能（得）見（佛陀之）頂（相）。

肆
（菩薩若於）稽首（佛塔後）而起（之時）：
當願眾生，皆（能）如

佛(之清淨)意，(獲)尊貴(之)無上。	(願)十方天下人，皆使(其所)行(之)經(法)，無有與(之相)等者。 **155**		
(伍) (菩薩若欲)始欲(右邊)旋(佛)「塔」(舍利一匝之時)： 當願眾生，(所有)施行(施設行事皆獲)福祐(賜福保祐)，(能)究暢(究竟暢達於)道意(佛道之意)。	**(伍)** 菩薩(若於)繞佛(塔舍利)一匝(之)時，(應常)心念言： (願)十方天下人，皆使繞(著)「極善」(之)所作為，皆(能)究竟賜(此字疑作「暢」字？)經明(佛經明達)。	**(伍)** (菩薩若)右遶(於佛)「塔廟」(一匝之時)： 當願眾生，(皆能)履行(於)「正路」(而無違逆)，(能)究暢(究竟暢達於)道意(佛道之意)。	**(伍)** (菩薩若)右遶於(佛)「塔」(舍利一匝之時)： 當願眾生，所行(皆)無(違)逆，(能)成(就佛之)「一切智」。 **156**
(陸) (菩薩若於)繞(佛)塔「三匝」(之時)： 當願眾生，得「一向」(一心專向)意，不斷(絕於)「四喜」。 (《般泥洹經》云：又欲近道，當有四喜，宜善念行： 一曰念佛，意喜不離。 二曰念法，意喜不離。 三曰念眾，意喜不離。 四曰念戒，意喜不離。 念此四喜，必令具足，而自了見)	**(陸)** 菩薩(若於)繞佛(塔舍利)「三匝」(之)時，(應常)心念言： (願)十方天下人，皆使(其)所作為，心常勇(猛)，未嘗遠離於「佛道」。	**(陸)** (菩薩若於)遶(佛)塔(舍利)「三匝」(之時)： 當願眾生，得「一向」(一心專向)意，勤求佛道(而無懈息)。	**(陸)** (菩薩若於)遶(佛)塔(舍利)「三匝」(之時)： 當願眾生，勤求佛道，心無「懈歇」(懈息歇息)。 **157**
(柒) (菩薩若欲)「行詠」歌(讚佛)經(的功德之時)：	**(柒)** 菩薩(若欲)「稱譽」佛(的)功德威神(之)	**(柒)** (菩薩若欲)「讚詠」如來(的功德時)：	**(柒)** (菩薩若欲)「讚」佛功德(之時)：

當願眾生，念佛(之)恩德，行「法供養」。 (最大的「法供養」即是發願：自身必有佛性，我必當作佛，成就西方作佛)	時，(應常)心念言： (願)十方天下人，皆使(其)所作為，「功德」(而)不可計、「威神」不可計，(於)功(德)中(獲)極過度(越過度脫)。	當願眾生，(得越)度(到)功德(之彼)岸，(亦能受稱)歎(而)無(有)窮盡。	當願眾生，「眾德」悉具(足)，(亦能受)稱歎(而)無(窮)盡。 ❸
㈧ (菩薩若欲)畢住(畢竟常住於)「讚佛」(之時)： 當願眾生，(具)光明神德，(皆)如佛(之)法身。	(複製十四-27贰) 菩薩(若欲)稱譽「佛相」(之)時，(應常)心念言： (願)十方天下人，皆使(其)身體，悉具足(圓滿)如「佛經身」(佛法身、佛之法身)。	㈧ (菩薩若欲)讚佛「相好」(之時)： 當願眾生，(具)光明神德(神通威德)，(皆)如佛(之)「法身」。	㈧ (菩薩若欲)讚佛「相好」(之時)： 當願眾生，成就佛(之法)身，證「無相」法。 ❹

十四－27 菩薩若「欲洗足、寢息或臥坐、眠寤」時，約有 3 願

吳·支謙居士譯 (約 222~253 間譯出) 《佛說菩薩本業經》 距今約 1800 年了	西晉·聶道真居士譯 (曾擔任竺法護[231~308]譯 經的「筆受」職務多年) 《諸菩薩求佛本業經》 距今約 1700 年了	東晉·佛馱跋陀羅譯 公元 421 年譯出 六十《華嚴經·淨行品》 距今約 1600 年了	唐·實叉難陀譯 公元 699 年譯出 八十《華嚴經·淨行品》 距今約 1300 年了
(文殊師利菩薩告智首菩薩云：) 壹 (菩薩若於日)暮(即)將「洗足」(之時)： 當願眾生，得「四神足」(而能)周遍(於)十方。 (①欲如意足：希慕所修之法能如願滿足。 ②精進如意足：於所修之法，專注一心，無有間雜，而能如願滿足。 ③念如意足：於所修之法，記憶不忘，如願滿足。 ④思惟如意足：心思所修之法，不令忘失，如願滿足)	(文殊師利菩薩告智首菩薩云：) 壹 菩薩(若欲)「洗足」(之)時，(應常)心念言： (願)十方天下人，皆使悉得佛(四)「神足」念，(遍)飛(而)無所復罣礙，悉入具(足)。	(文殊師利菩薩告智首菩薩云：) 壹 (菩薩)若(欲)「洗足」(之)時： 當願眾生，得「四神足」，(獲)究竟解脫。	(文殊師利菩薩告智首菩薩云：) 壹 (菩薩)若(欲)「洗足」(之)時： 當願眾生，具(四)「神足力」，所行(皆)無礙。 ⑯
(與十四-26 捌 比對)	貳 菩薩(若欲)稱譽「佛相」(之)時，(應常)心念言： (願)十方天下人，皆使(其)身體，悉具足(圓滿)如「佛經身」(佛法身、佛之法身)。	(與十四-26 捌 比對)	(與十四-26 捌 比對)
參	參	參	參

（菩薩若於）昏夜「寢息」（之時）：	菩薩（若於）「臥坐」（休息之）時，（應常）心念言：	（菩薩若於）昏夜（欲）「寢息」（之時）：	（菩薩若於）以時（即時而欲）「寢息」（之時）：
當願眾生，離於「闇冥」，無復「五蓋」（貪欲、瞋恚、睡眠、掉悔、疑）。	（願）十方天下人，皆使不復繫（縛）於「愛欲」，（於）「勤苦」中悉（得）「淨潔」。	當願眾生，休息諸行，心淨（而）無穢。	當願眾生，身得「安隱」，心無動亂。 ❶❻❶
肆	**肆**	**肆**	**肆**
（菩薩若欲）「臥覺」（之時）：	菩薩（菩薩若欲）「覺起」（之）時，（應常）心念言：	（菩薩若於）晨朝「覺悟」（之時）：	（菩薩若於）睡眠「始寤」（之時）：
當願都使（一切）眾生，得佛（之）「十八不絕之法」（十八不共之法）。	（願）十方天下人，皆使得「佛智慧」（佛之「一切智」）、得（佛之）「十力」。	當願眾生，（獲）「一切智」（之）覺，不捨（於）十方（眾生）。	當願眾生，（獲）「一切智」覺，（能）周顧（周遍垂顧於）十方（眾生）。 ❶❻❷
伍	**伍**	**伍**	**伍**
（文殊師利菩薩告智首菩薩有關菩薩修行的「淨行」約有162願，此）是為菩薩，誡願（教誡與大願）俱行，兼（愍）愛（與）博「施」，不捨十方（眾生）。	（文殊師利菩薩告智首菩薩有關菩薩修行的「淨行」約有162願，此）是為「菩薩」常所行（之）道。	佛子！（以上共有162願，此）是為菩薩（之）「身、口、意」業，能得一切「勝妙」功德。（所有）諸「天、魔、梵、沙門、婆羅門、人」及「非人」，「聲聞、緣覺」所不能（擾）動。	佛子！若諸菩薩（能）如是（於162願中）「用心」，則獲一切「勝妙」功德。（所有）一切世間諸「天、魔、梵、沙門、婆羅門、乾闥婆、阿脩羅」等，及以一切「聲聞、緣覺」，所不能（擾）動。
（後面還有「經文」。支謙譯《佛說菩薩本業經》的「最後一段經文」，若與《華嚴經》第十六卷的「昇須彌山頂品」的經文進行比對，可發現其中「雷同率」不少，應該	（後面還有「經文」。聶道真譯《諸菩薩求佛本業經》的「最後一段經文」，若與《華嚴經》第十六卷的「昇須彌山頂品」的經文進行比對，可發現其中「雷同率」不	（六十《華嚴經》「淨行品」的比對內容至此結束，但支謙譯《佛說菩薩本業經》與聶道真譯《諸菩薩求佛本業經》的「最後一段經文」；若與《華嚴經》第十六卷的「昇	（八十《華嚴經》「淨行品」的比對內容至此結束，但支謙譯《佛說菩薩本業經》與聶道真譯《諸菩薩求佛本業經》的「最後一段經文」；若與《華嚴經》第十六卷的「昇

是來自同一個「梵本」的「源頭」）	少，應該是來自同一個「梵本」的「源頭」）	須彌山頂品」的經文進行比對，可發現其中「雷同率」不少，應該是來自同一個「梵本」的「源頭」）	須彌山頂品」的經文進行比對，可發現其中「雷同率」不少，應該是來自同一個「梵本」的「源頭」）

※根據筆者重新比對後發現吳・支謙居士譯(約222~253間譯出)**《佛説菩薩本業經》**，經文其實含涵蓋了「如來明號品、光明覺品、淨行品、昇須彌山頂品」等四品的少部內容。

※西晉・聶道真居士譯(曾擔任竺法護[231~308]譯經的「筆受」職務多年)**《諸菩薩求佛本業經》**，經文其實含涵蓋了「淨行品」與「昇須彌山頂品」的少部內容。

下面是支謙譯《佛説菩薩本業經》與聶道真譯《諸菩薩求佛本業經》的「最後一段經文」，若與《華嚴經》第十六卷的「昇須彌山頂品」的經文進行比對，可發現其中「雷同率」不少，應該是來自同一個「梵本」的「源頭」

吳・支謙居士譯 (約222~253間譯出) 《佛説菩薩本業經》 距今約1800年了	西晉・聶道真居士譯 (曾擔任竺法護[231~308]譯經的「筆受」職務多年) 《諸菩薩求佛本業經》 距今約1700年了	東晉・佛馱跋陀羅譯 公元421年譯出 六十《華嚴經・佛昇須彌頂品》 距今約1600年了	唐・實叉難陀譯 公元699年譯出 八十《華嚴經・昇須彌山頂品》 距今約1300年了
十地品第三 🔔於是忍世界(娑婆世界)，(有)百億「天帝釋」。	🔔是釋迦文佛刹(土)，凡有百億「釋提桓因坻㲉」(Śakra Devānām-indra 釋迦提桓因陀羅；釋提桓因；釋迦提婆；忉利天主，中國民間習俗稱他爲「玉皇大帝」爲「玉帝」)，皆(於)「忉利天」上，悉各思想(而)欲請佛。	🔔爾時，(以)如來「威神力」(之)故，(於)十方一切諸佛世界(與)諸「四天下」(中)，(於)一一(之)「閻浮提」(中)，皆有如來坐(於)「菩提樹」下，無不顯現(而令眾生得見)。 彼諸「菩薩」，(皆)各承佛神力，(能)說種種法。(諸菩薩)皆悉自謂：在於佛所。 (每一位菩薩都自認爲：自	🔔爾時，(以)如來「威神力」(之)故，(於)十方一切世界(中)，(及於)一一「四天下」(之)「閻浮提」中，(眾生皆)悉(可)見如來坐於(菩提)樹下。 各有「菩薩」，(皆)承佛神力，而(能)演說法，「靡不」自謂：恒對於佛。 (每一位菩薩都自認爲：自己就在佛所而「面對」著佛)

		己就在佛所而「面對」著佛）	爾時，世尊不離一切「菩提樹」（之「座」）下，而（即）上昇（至）須彌（山頂），向「帝釋」（天宮）殿。
		爾時，世尊（以自己的）「威神力」故，不起（於）此「座」，（即上）昇（至）須彌（山）頂，向「帝釋」（天宮）殿。	
（貳）（諸百億的「天帝釋」）皆於「忉利」（天的）「紫紺ㄍㄢ殿」上，化作七寶「師子之座」。	（貳）諸（百億的）「釋提桓因坻ㄓ」皆為佛，於「紫紺ㄍㄢ正殿」上，施七寶「師子座」，	（貳）爾時，「帝釋」遙見佛來，即於妙勝殿（vaijayanta 殊勝殿；最勝法堂；皮禪延；毗闍延）上，敷置（具有）「眾寶」（的）師子之座。	（貳）時，「天帝釋」在妙勝殿前遙見佛來，即以神力莊嚴此殿，置「普光明藏」（的）師子之座。
（參）施（以）「交露」（交織綿絡）帳，「席」（子皆）以（繒）綵（纏）爇ㄓ已，各稽首請佛。	（參）以天（上）所有名好（名貴美好）「劫波育」（karpāsika 氎衣；細綿衣）雜色、若干種絕殊（妙）好，皆敷著（於）座上，皆施絕好「交露」（交路＝交露。原意指「交錯的珠串所組成的帷幔，狀若露珠」，此處指「交織綿絡」）帳，皆各於（合）適已。	（參）（師子座皆）以萬種（的）「雜寶」而莊嚴之：（以）萬種（的）「寶帳」（而）彌覆其上：以萬（種的）「寶網」而「絞絡」（交織綿絡）之：次上萬種（的）眾妙「寶蓋」；（以）「天繒」雜寶以為垂帶；（以）萬種（的）「瓔珞」而莊嚴之：（以）萬種（的）「寶衣」以敷座上。	（參）其（師子）座悉以「妙寶」所成：（以）「十千」（萬）層級，迥出（迥殊；迥特；迥別；迥超；迥勝）極莊嚴，（以）「十千」（萬）「金網」彌覆其上，（以）「十千」（萬）種「帳」，（以）「十千」（萬）種（寶）「蓋」，周迴（周旋迴繞）間列（間雜羅列），（以）「十千」（萬）「繒綺」以為垂帶，（以）「十千」（萬）「珠瓔」周遍「交絡」（交織綿絡），（以）「十千」（萬）「衣服」敷布座上。
（肆）佛意悉（已）知	（肆）佛即（已）悉（皆）	（肆）（有）「一萬」天	（肆）（有）「十千」（萬）

(之)，(佛陀)即為「分身」，遍諸(於百億的)「釋殿」(天帝釋宮殿)。 (於)一一佛者，(皆有隨)從(之)眾菩薩。	知之，佛便分身「威神」，悉皆在百億(的)「忉利天」上「釋提桓因坻⁊」(之)外門。 (於)一一「釋提桓因坻」皆有「一佛」，凡(共)有「百億佛」，皆與諸菩薩等(共)俱。	子在前「立侍」；(有)一萬「梵天」而圍遶之；(以)一萬「光明」以為照耀。	天子、「十千」梵王前後圍遶，(以)「十千」光明而為照耀。
㊄一切「天帝」，莫不(感到)悅豫(歡悅怡豫)。	㊄諸「釋提桓因坻」皆大歡喜，悉出迎(接)，為佛作禮，(恭)請佛(而)入。	㊄爾時，「帝釋」為佛莊嚴「師子座」已，(便)合掌恭敬(而)白佛言： 善來世尊！唯願哀(愍眾生)，處我此(天)宮殿。	㊄爾時，「帝釋」奉為如來，(於)敷置(師子)座已，(便)曲躬合掌，恭敬向佛而作是言： 善來世尊！善來善逝！善來如來、應、正等覺！唯願哀愍(眾生)，處此(天)宮殿！
	㊅佛即與諸菩薩等俱入，至紫紺⁊正殿」上「帳中」坐。諸菩薩等悉各於一一七寶蓮華「師子座」交露(交路=交露。原意指「交錯的珠串所組成的帷幔，狀若露珠」，此處指「交織綿絡」)帳中坐。	㊅爾時，世尊即受(帝釋天主)其請，昇(入於)妙勝殿(vaijayanta 殊勝殿；最勝法堂；皮禪延；毗闍延)。(此時處於)一切十方(世界中的忉利天宮)，亦復如是(皆顯現世尊進入了妙勝殿)。 爾時，「帝釋」(宮中原本有)無量(的)「樂音」，(即以)佛神力	㊅爾時，世尊即受(帝釋天主)其請，(昇)入(於)妙勝殿(vaijayanta 殊勝殿；最勝法堂；皮禪延；毗闍延)。(此時處於)十方一切諸世界中(的忉利天宮)，悉亦如是(皆顯現世尊進入了妙勝殿)。 爾時，「帝釋」(即)以佛(之)神力，(令原本於)諸宮殿中所有

		故，寂然「無聲」。 (帝釋天王)即自「憶念」於過去(十)佛所，(曾廣)種諸善根，以偈頌曰： **1** 迦葉如來 (Kāśyapa 過去七佛的第六位)具「大慈」，(於)諸吉祥中最無上，彼(迦葉)佛(亦)曾來入此(妙勝殿)處，是故此地最吉祥。 **2** 拘那牟尼 (Kanakamuni 第五位)慧「無礙」，(於)諸吉祥中最無上，彼(拘那牟尼)佛(亦)曾來入此(妙勝殿)處，是故此地最吉祥。 **3** 拘樓佛 (Krakucchanda 第四位)身如「金山」，(於)諸吉祥中最無上，彼(拘樓)佛(亦)曾來入此(妙勝殿)處，是故此地最吉祥。 **4** 隨葉如來	「樂音」，自然止息。 (帝釋天王)即自「憶念」(於)過去(十)佛所，(曾廣)種諸善根，而說頌言： **1** 迦葉如來 (Kāśyapa 過去七佛的第六位)具「大悲」，(於)諸吉祥中最無上，彼(迦葉)佛(亦)曾來入此(妙勝)殿，是故此處最吉祥。 **2** 拘那牟尼 (Kanakamuni 過去七佛的第五位)見「無礙」，(於)諸吉祥中最無上，彼(拘那牟尼)佛(亦)曾來入此(妙勝)殿，是故此處最吉祥。 **3** 迦羅鳩馱 (Krakucchanda 過去七佛的第四位)如「金山」，(於)諸吉祥中最無上，彼(迦羅鳩馱)佛(亦)曾來入此(妙勝)殿，是故此處最吉祥。 **4** 毘舍浮佛

		(Viśvabhū 第三位)離(貪瞋癡)「三垢」,(於)諸吉祥中最無上,彼(隨葉)佛(亦)曾來入此(妙勝殿)處,是故此地最吉祥。	(Viśvabhū 過去七佛的第三位)無(貪瞋癡)「三垢」,(於)諸吉祥中最無上,彼(毘舍浮)佛(亦)曾來入此(妙勝)殿,是故此處最吉祥。
		5 尸棄如來(Śikhin 第二位)常「寂然」,(於)諸吉祥中最無上,彼(尸棄)佛(亦)曾來入此(妙勝殿)處,是故此地最吉祥。	**5** 尸棄如來(Śikhin 過去七佛的第二位)離「分別」,(於)諸吉祥中最無上,彼(尸棄)佛曾來入此(妙勝)殿,是故此處最吉祥。
		6 毘婆尸佛(Vipaśyin 第一位)如「滿月」,(於)諸吉祥中最無上,彼(毘婆尸)佛曾來入此(妙勝殿)處,是故此地最吉祥。	**6** 毘婆尸佛(Vipaśyin 過去七佛的第一位)如「滿月」,(於)諸吉祥中最無上,彼(毘婆尸)佛(亦)曾來入此(妙勝)殿,是故此處最吉祥。
		7 弗沙(puṣya)明達(明曉通達)「第一義」,(於)諸吉祥中最無上,彼(弗沙)佛曾來入此(妙勝殿)處,是故此地最吉祥。	**7** 弗沙(puṣya)明達(明曉通達)「第一義」,(於)諸吉祥中最無上,彼(弗沙)佛曾來入此(妙勝)殿,是故此處最吉祥。
		8 提舍(tiṣya)如來(具)「辯無礙」,(於)諸	**8** 提舍(tiṣya)如來(具)「辯無礙」,(於)諸

		吉祥中最無上， 彼(提舍)佛曾來入此(妙勝殿)處，是故此地最吉祥。 ⑨波頭摩(padma 赤蓮華)佛「淨無垢」，(於)諸吉祥中最無上， 彼(波頭摩)佛曾來入此(妙勝殿)處，是故此地最吉祥。 ⑩錠光(Dīpaṃkara)如來「明普照」，(於)諸吉祥中最無上， 彼(錠光)佛曾來入此(妙勝殿)處，是故此地最吉祥。 (於)如此(世)間(的)「帝釋」，(以)佛神力(之)故，(能)以偈讚歎「十佛」功德。 如是(處於其他)十方(世界之諸)「帝釋」，(亦能)各自「憶念」(於)過去(十)佛所，(其)所種(的諸)善根，(亦能)以「偈」讚歎(此十佛功德)，亦復如是。	吉祥中最無上， 彼(提舍)佛曾來入此(妙勝)殿，是故此處最吉祥。 ⑨波頭摩(padma 赤蓮華)佛「淨無垢」，(於)諸吉祥中最無上， 彼(波頭摩)佛曾來入此(妙勝)殿，是故此處最吉祥。 ⑩然燈如來(Dīpaṃkara)大光明，(於)諸吉祥中最無上， 彼(然燈)佛曾來入此(妙勝)殿，是故此處最吉祥。 (於)如此(之)世界中，「忉利天王」以如來(之)神力故，(能說)偈讚(歎)「十佛」所有(的)「功德」。 (處於其他)十方世界(的)諸「釋天王」(等)，悉亦如是(的)讚佛(此十佛)功德。

		爾時，世尊昇「師子座」，結跏趺坐。坐已，（妙勝）宮殿忽然廣博（寬廣博大），（有）如（整個）「忉利天」處（之大），（如此處於）一切十方（世界中的忉利天宮），亦復如是（皆顯現妙勝殿忽然變的寬廣博大）。	爾時，世尊入妙勝殿，結跏趺坐。此（妙勝）殿忽然廣博（寬廣博大）寬容（寬闊納容），如其（整個忉利）「天眾」諸所住處（之大）；（此時位於其他）十方世界（的忉利天宮中），悉亦如是（皆顯現妙勝殿忽然變的寬廣博大）。
		《菩薩雲集妙勝殿上說偈品·第十》	《須彌頂上偈讚品·第十四》
柒其下（還有）百億（的）「小國」（小國土;小世界），（如來的分身接）續（出現在諸國土），（大眾）自見佛（皆）如（如不動），故不減（少）。	柒佛（之分身連）續（處）在是「百億小國土」（正確應爲「十億個小世界、小國土」，即爲「一大千世界」之意），與諸菩薩共坐，（佛陀以其）威神（力而）不動。	柒爾時，（從）十方各過「百佛世界」微塵數剎，（於）一一方各（有）「十世界」，其世界名： ①因陀羅。 ②次名蓮華。 ③次名眾寶。 ④次名優鉢羅。 ⑤次名妙行。 ⑥次名善行。 ⑦次名歡喜。 ⑧次名星宿。 ⑨次名無厭慈。 ⑩次名虛空。	柒爾時，（以）佛神力（之）故，（於）十方各有一「大菩薩」（總共有十位大菩薩），一一（大菩薩）各與「佛剎微塵數」（的）菩薩（共）俱，從「百佛剎微塵數」國土外（之）諸世界中，而來（此妙勝殿）「集會」。
捌（此）時十方剎，復（有諸菩薩）來雲集，（計有十位大菩薩） 法意菩薩、 首意菩薩、	捌（此時有）十方諸菩薩大復來會，（計有）曇昧摩提（等共十位）菩薩。復有： ❶曇昧摩提菩薩、 （dharma 法 mati 慧） ❷師利摩提菩薩、 （śrī 勝德;吉祥 mati 慧）	其佛號： ㈠不變月。 ㈡次號無盡月。	捌其（十大菩薩）名曰： ❶法慧菩薩。 ❿一切慧菩薩。 ❷勝慧菩薩。

賢意菩薩、 勤意菩薩， 思意、 知意、 審意、 專意、 重意、 盡意菩薩等， 各從十方，與無數（諸）上（善）人俱來，稽首佛足（後），坐（於）一面、（於）「蓮華」上。 （支謙譯《佛說菩薩本業經》後面仍有一小段「經文」。 「比對」內容，請移至《華嚴經》卷十六的「十住品」去。 另有四個譯本同步可比對。 ①西晉·竺法護譯《菩薩十住行道品》。 ②東晉·祇多蜜譯《佛說菩薩十住經》。 ③六十《華嚴經·菩薩十住	❸俱那摩提菩薩、 （guṇa 功德 mati 慧） ❹墮夜摩提菩薩、 （dhairya 精進 mati 慧） ❺沙頭摩提菩薩、 （sat 或 sādhu 善 mati 慧） ❻若那摩提菩薩、 （jñāna 智 mati 慧） ❼沙遮摩提菩薩、 （satya 真實 mati 慧） ❽阿迦摩提菩薩、 （agra 無上 mati 慧） ❾沙羅摩提菩薩、 （sāra 堅固 mati 慧） ❿薩和摩提菩薩。 （sarva 一切 mati 慧） （聶道真譯《諸菩薩求佛本業經》至此經文全部結束，後面確定沒有再出經文了）	㈢次號不動月。 ㈣次號香風月。 ㈤次號自在天月。 ㈥次號清淨月。 ㈦次號無上月。 ㈧次號星宿月。 ㈨次號不衰變月。 ㈩次號無量自在月。 其菩薩名： ❶法慧。 ❷次名一切慧。 ❸次名勝慧。 ❹次名功德慧。 ❺次名精進慧。 ❻次名善慧。 ❼次名智慧。 ❽次名真實慧。 ❾次名無上慧。 ❿次名堅固慧。 此諸（十大）菩薩各於其國佛所，淨修梵行。	❸功德慧菩薩。 ❹精進慧菩薩。 ❺善慧菩薩。 ❻智慧菩薩。 ❼真實慧菩薩。 ❽無上慧菩薩。 ❾堅固慧菩薩。 （十大菩薩）所從來（的國）土（世界），所謂： ①因陀羅華世界、 ②波頭摩華世界、 ③寶華世界、 ④優鉢羅華世界、 ⑤金剛華世界、 ⑥妙香華世界、 ⑦悅意華世界、 ⑧阿盧那華世界、 ⑨那羅陀華世界、 ⑩虛空華世界。 （十大菩薩）各於（其）佛所，淨修梵行，所謂：

品》。 ④八十《華嚴經·十住品》）			㈠殊特月佛。 ㈡無盡月佛。 ㈢不動月佛。 ㈣風月佛。 ㈤水月佛。 ㈥解脫月佛。 ㈦無上月佛。 ㈧星宿月佛。 ㈨清淨月佛。 ㈩明了月佛。

「海印三昧」與「佛華嚴三昧」三種譯本對照

卐「海印三昧」有十義，能為不同「根器」的眾生而顯現妙用，菩薩於「定心」中皆能現此「海印三昧」，譬如大海有「印現萬物」之本體與妙用。

卐「佛華嚴三昧」意指若能證得「佛」地之果，便能以「華」莊「嚴」其身而入此「三昧」大定，而諸菩薩亦能在「六度萬行」的「信解行證」下證入此「大定」，具有「統攝法界」之本體與妙用，為入一切佛法之「大三昧」

東晉・佛馱跋陀羅譯 六十《華嚴經・賢首菩薩品》	唐・實叉難陀譯 八十《華嚴經・賢首品》	北宋・中印度僧法天譯 《大方廣總持寶光明經・卷四》
（賢首菩薩云）	（賢首菩薩云）	（世尊爲普賢等「九十二」俱胝菩薩説）
壹彼（具）威神力（之）「佛法」（就如大）海（般），法寶（之）堅固（就）如「金剛」（般），	壹譬如大海（就像）金剛聚（集一樣），以彼威力（而）生「衆寶」，	壹彼（法寶）之自性如（大）海寶，
「智慧」滿足不可（窮）盡，如是（有）無量功德海。	（但彼大海乃）無減無增，亦無盡，菩薩（所有）「功德」（之積）聚亦然。	（具）不增不減、（亦）無有損。（所有）無邊功德亦復然，
或有「刹土」無有「佛」（在），（但菩薩仍能）於彼（中）示現成（等）正覺，	或有「刹土」無有「佛」（在），（但菩薩仍能）於彼（中）示現成（等）正覺，	（或）有刹（土），無（有）佛（亦）不聞法，（但菩薩仍能）於彼（無佛刹土處）現作「佛菩提」，
或有「國土」無有「法」（在），（但菩薩仍能）於彼（中）示現說「法藏」。	或有「國土」不知「法」，（但菩薩仍能）於彼（中）為說妙「法藏」。	見彼（無「法」之處）由如（得見）大法藏（般），彼（菩薩）常（能爲眾生）說法（而令）離衆惑，
貳菩薩（之所有「分別」與）「希望」（於）一切（皆）斷，（能）於「一念頃」（而）遊十方，	貳（菩薩）無有「分別」、（亦）無「功用」（此指「無功用道」的最高境界），（能）於「一念頃」（即	貳 （菩薩能於一念至）十方世界（而）無罣礙，

(菩薩能)示現十方如「滿月」,(具)無量方便化(度)眾生。	(周)遍十方, 如月光(之)影(而)靡不周,(具)無量方便化(度)群生。	(菩薩)亦如月光(之影而)普照耀(十方),(能)教化眾生(以)千(種)方便(度化之)。
(菩薩)於彼十方世界中,念念(皆能)示現成(就)佛道。	(菩薩)於彼十方世界中,念念(皆能)示現成(就)佛道。	(菩薩於十方世界中,於)剎那剎那(中就能示現得成)佛菩提,即(與能)見(於)十方諸世界,
(菩薩能)轉「正法」輪(而後)入「涅槃」,(所有)現分(的)「舍利」,(皆能)為眾生。	(菩薩能)轉「正法」輪(而後)入「寂滅」,乃至「舍利」(亦能)廣分布。	(菩薩能)常轉法輪安(樂於)世間,(以)勇猛(心而)遍轉(法於)十方界。
㊂(菩薩)或現「聲聞、緣覺」道,(亦能)示現「成佛」(而)普莊嚴,	㊂(菩薩)或現「聲聞、獨覺」道,或現「成佛」(而)普莊嚴, (三乘的基本解釋爲「聲聞、緣覺、菩薩」這三乘,此處經文沒有「菩薩乘」三個字,只有「佛乘」,原因是:「一佛乘」在「因位」上亦名爲「菩薩乘」。「一佛乘」在「果位」上則名爲「佛乘」)	㊂彼(菩薩或現)諸聲聞、辟支地,(或現出)無邊變化(之)佛莊嚴,
Mahoraga,		
(菩薩能示)現無量劫(而)度眾生,(能)以「三乘」門(而)廣開化,	如是(能)開闡「三乘」教,(能)廣度眾生無量劫。	復經不可思議劫,(菩薩度)化諸眾生(而)親往詣。
(菩薩)或現「男、女」種種形,(或現)「天人、龍、神、阿脩羅」。	(菩薩)或現「童男、童女」形,(或現)「天龍」及以「阿脩羅」,乃至「摩睺羅伽」(Mahoraga)等,(皆)隨其(眾生之)所樂(而)悉令見。	(菩薩或現)若男、若女、童男女,天人、修羅、龍王類,藥叉乃至「摩護羅」(Mahoraga),(菩薩能)以「解脫智」皆悉(令眾生得)見。
㊃隨諸眾生(各有)若「干身」,(菩薩亦能顯現)無量(的)「行業」(與)諸「音聲」。(菩薩皆能隨眾生之所樂而顯現,並令彼皆能見之)	㊃眾生「形相」各不同,(菩薩所現的)「行業、音聲」亦無量,(菩薩皆能隨眾生之所樂而顯現,並令彼皆能見之)	㊃若諸世間(有不同的)眾形(與種)類,(菩薩能)隨眾語言(而)悉皆(令眾生獲相)同(之得解。菩薩一音演說法,眾生隨類各得解),

（如是之）一切（菩薩皆能）「示現」（而）無有餘，（此是）「海印三昧」（之）勢力故。	如是（之）一切（菩薩）皆能（顯）現（出）「海印三昧」（之）威神力。	（菩薩具）一切勇猛皆（能）盡見（之），如是（菩薩所具之）勇猛（皆能）盡觀察（之）。 「海印三昧」從（菩薩）口（而）生，（菩薩已）得是「海印眾三昧」，
（具）不可思議（的）莊嚴剎（土）， （能）恭敬供養一切佛。	（能）「嚴淨」不可思議剎（土）， （能）供養一切諸如來，	能嚴（淨）不可思議剎（土）， （已）嚴飾不思議剎（土）已， （能）供養十方諸如來， （已）如是種種供養（如來）已，
（能放大）光明莊嚴（而）難思議， （能）教化眾生（亦）無有量。	（能）放大「光明」無有邊， （能）度脫眾生亦無限。	復（能）得（放大）光明（具）眾嚴飾， 若（已）得光嚴（光明莊嚴，而）不思議，
㈤（能具）「智慧」自在（而）不可議，	㈤（能具）「智慧」自在（而）不思議，	㈤則（能）得無邊「解脫智」， 若（已）得無邊「解脫智」， （能）得不思議「身變化」。 若（已）得如是「身變化」，
（於）「說法」教化得「自在」（而無礙）。 （具足）「施、戒、忍辱、精進、禪、方便、智慧」（等）諸功德， （《華嚴經》的「十度、十波羅蜜」是另外再加上「方便、願、力、智」這四個的）	（於）「說法」言辭（而）無有礙， （具足）「施、戒、忍、進」及「禪定、智慧、方便、神通」等（諸功德）。	（能得）口辯、智辯亦如是， 若（已）得「口智」無礙辯， （於）布施變化（獲）不思議。 若（已）得布施（而）不思議， （能）持戒、忍（辱）、（精）進亦復然， 若（已）得持戒、忍（辱）、（精）進、（神）通， 「禪定」神變莫能測。 若（已）得「禪定」神通變， 出生「方便」神變智，

(如是於)一切(皆得大)「自在」(而)難思議,(此即爲佛)「華嚴三昧」(之)勢力故。 (因爲偈頌以七字爲限,所以這邊少了「佛」字,只譯作「華嚴三昧」四個字)	如是(於)一切皆(得大)「自在」,(此即)以「佛華嚴三昧」(之勢)力(故),	(已)得是「方便」神變智,(能)出生無邊諸功德。
(故能)入「微塵」數(之)諸「三昧」,(於)一(一之)「三昧」(中皆能)生(微)塵等「定」,	(能於)一「微塵」中入(諸)「三昧」,(能)成就一切(的)「微塵定」,	(能)從佛口(而)生「三摩地」,(能從)「三摩地」(而)入「一微塵」,
(能於)「一塵」中現無量刹,而彼「微塵」亦不(因此而)增(大)。	而彼「微塵」亦不(因此而)增(大),於「一」(微塵中能)普現(出)難思(議的無量)刹(土)。	(於)「一切」微塵皆(悉能)盡入(於一微塵),(於)「一」微塵中(能普現出)難思(議之)刹(土), (於)一一微塵(中)皆悉見。
(陸)(於)「一塵」內刹(土)現「有佛」(在), 或現有刹(土)而「無佛」(在), (刹土)或現有刹(土)「淨、不淨」, (刹土)或現「大刹」及「中、下」(刹土), 或(於)刹(土中有被)「伏住」(而壞的狀態)、 (刹土)或(有)「隨順」(而成的狀態),	(陸)(於)彼「一塵」內(有)衆多刹(土),(於刹土中)或有「有佛」(在)或「無佛」(在), (刹土)或有雜染、或清淨, (刹土)或有廣大、或狹小, (刹土)或復有「成」(的形狀)、 (刹土)或有「壞」(的形狀), (刹土)或有(自己獨立)「正住」(的形狀)、 (刹土)或(有依)傍(著四方而)住(的形狀),	(陸)如是佛刹微塵數, 其中佛刹(土)盡皆(能)覩, (或現)種種「微細」清淨衆, (或現)無上「貴重」微妙刹(土), (應)如實遠離(而)出興(於)世,其中祕密(微)妙(而)昇騰, 有以(刹土或現)除暗(而)放光明,
(刹土)或如「野馬」(marīcikā 陽	(刹土)或如(於)曠野(中的)「熱	

焰;野馬;飄浮的塵埃形狀)、 (「陽焰」就是指「野馬」，如《一切經音義》云：野馬，猶陽炎也。案莊子所「塵埃」也) (剎土)或(如依於)「四方」(的形狀)， 或有「國土」，如「天網」(天上的「因陀羅網」形狀)。 (所有)世界(的)「成、敗」無(有)不(顯)現。	時焰」(的形狀)， (飄浮的「灰塵」在太陽的照射下，遠遠望去就會產生「似水若霧、如雲似水」的自然景象，所以被喻為「陽焰、野馬」) (剎土)或如天上(的)「因陀網」(形狀)。	(剎土就像)「帝網」(天帝因陀羅網) 重重(而)復無盡。
(柒)如(於)「一微塵」所示現(的形狀)，(於)「一切微塵」(中)亦(能)如是，	(柒)如(於)「一塵」中所示現(的各種形狀)，(於)「一切微塵」(中)悉亦然。	(柒)由如見一大光明，如是一切「微塵」(皆)盡(見)，
(此)是名(為)「三昧」自在力，亦(為)無量(名)稱(的一種)解脫力。	此(為具有)「大名稱」(的)諸(解脫)聖人，(名為)「三昧」解脫(的)神通力，	此(是為具)「大仙」(聖人所)行(之)「三摩地」，(亦)即是(為具)無邊(殊)勝(之)解脫(力)。
若欲供養一切佛，(即能馬上)出生無量(的)「三昧門」，	若欲供養一切佛，(即能馬上)入于「三昧」(而生)起「神變」，	(能以)「三摩地」(之)力(而去)供養佛，(於)一切如來(皆作)供養已，
能以「一手」(而周)覆(於)「三千」(世界)，(進而)供養一切諸如來。	能以「一手」(而周)遍(於)「三千」(世界)，(進而)普供一切諸如來。	復於(一)手中(即能)變(化出)千萬(之三千世界)，(能)作「大丈夫」(而)興廣供(廣大供養)。

卍「海印」三昧

「海印三昧」據唐末五代·永明 延壽《宗鏡錄·卷十八》中的解釋，至少有「十義」以上。「海印三昧」能為不同「根器」的眾生而顯現妙用，菩薩於「定心」中皆能現此「海印三昧」，譬如大海有「印現、顯現萬物」之本體與妙用。

唐末五代·永明 延壽《宗鏡錄》卷18

佛子！譬如「大海」，普能「印現」(於)「四天下」中，一切眾生「色身」(之)形像，是故(皆)共說以為「大海」，故經中有「海印三昧」(的名稱)。

「疏釋」云：「海印三昧」有十義，(能為不同眾生的)「根器」是所(顯)現，菩薩(於)「定心」(中)是(皆)能現(此「海印三印」)，無不(歸向於)「空心」(空性之心)，故名「三昧」。

一、「無心」(無有分別心故)能(顯)現。經云：無有功用、無分別。

（《華嚴經・卷十四・賢首品》：無有分別、無功用，於一念頃遍十方。

《宗鏡錄》引《華嚴經》之文，雖然順序有差，但義理無差）

二、(雖)現(但亦)無所現。經云：如光影故。

（《華嚴經・卷十四・賢首品》：如月光影靡不周，無量方便化群生）

三、「能現」與「所現」(乃)「非一」。

（既是「非一」，相對的，也必然是「非異」，所以「能現」與「所現」乃「非一非異」也）

四、(「能現」與「所現」乃)「非異」。經云：大海能(顯)現(一切)。

（《華嚴經・卷五十二・如來出現品》云：佛子！譬如大海普能印現四天下中一切眾生色身形像，是故共說以為大海；

諸佛菩提亦復如是，普現一切眾生心念、根性樂欲而無所現，是故說名諸佛菩提）

(因)「能、所」(為)異，故「非一」(此指「能現」與「所現」不可能是完全的「相同為一」)。

(若離)水(而向)外求「像」(亦)不可得，故「非異」(此指「非離」也)。

顯此「定心」，與「所現」(之)法，即「性」之「相」故。

(即「性」而顯「現」，即「本體」而顯「作用」。即「作用」而不離「性」；雖現「作用」亦不離「本體」之性。「性」與「相」乃不即不離)

「能、所」宛然，即「相」之「性」故，「物、我」無二(無別)。

五、無「去、來」。(能)現萬法於「自心」，彼亦「不來」，(能綱)羅「身雲」於「法界」，(但亦)未曾(有)暫去(或暫來)。

六、廣大(此指「能顯現」)。經云：普悉「包容」(而)「無所」(排)拒。

（《華嚴經・卷十四・賢首品》：海有希奇殊特法，能為一切平等印，眾生寶物及川流，普悉包容無所拒)

(此)明「三昧」心，(乃)周(遍)于法界，則眾生(之)「色、心」，皆(為)「定心」中(之)物，用(能)周(遍)法界，亦不離此心。

七、普現(此指「所顯現」)。經云：一切皆能(顯)現。

（《華嚴經・卷十四・賢首品》：眾生形相各不同，行業音聲亦無量，如是一切皆能現，海印三昧威神力)

(《華嚴經》)又云：菩薩(能)普(遍相)印(於)諸「心行」。

（《華嚴經・卷五十二・如來出現品》云：爾時，普賢菩薩摩訶薩欲重明此義而說頌言：正覺了知一切法，無二離二悉平等，自性清淨如虛空，我與非我不分別。如海印現眾生身，以此說其為大海；菩提普印諸心行，是故說名為正覺)

此與(上文)「廣大」(義有差)異者，此(之「普現」乃)約「所」(顯)現(之義是)不簡(擇)「巨、細」(之別的)，彼(之「廣大」義乃)約「能」(顯)現(之義)，其量(乃)普周(遍的)。

八、**頓現**。經云：**一念**(之顯)**現**故。

(《華嚴經・卷二・世主妙嚴品》云：如來神變無量門，**一念現於一切處**……佛有如是神通力，**一念現於無盡相**。

《華嚴經・卷二十三・兜率宮中偈讚品》云：佛身非過去，亦復非未來，**一念現出生**，成道及涅槃)

(此)謂無「前、後」，(有)如印(現的方式而)**頓**成。

九、**常現**。(此並)非如「明鏡」(一樣)，有(時)現、(有)不現(之)時。

(「明鏡」如果沒有「光源」的話，就無法「顯現」諸物了，或者「明鏡」如果有「塵垢」的話，亦不能「顯現」諸物的)

十、**非現**(之)**現**。如(有)「明鏡」(與之相)對(即能)至，方現「四天」之像；(但如果)「**不對**」(沒有與「明鏡」相對的話)而(亦能顯)現，故云「**非現**(之)**現**」。以(心乃)「**不待對**」(因為「心」是「無相待的、無相對的。心是「絕待、離相」的)，是故「常現」，該(包)「三際」也。

此上「海印」(所)現(之)義，隨「理、事」(與)「能、所」而分(有)「十門」，但是「一真心」(即具有)「寂、照」普現之義；若有「不現」者，即是(自心已遭)「客塵」(而)自遮(障)，(為知)見網(所)自隔(障)，(此)非「法身」(之)咎。

《摩訶衍論》(大乘起信論)云：諸佛如來，「法身」平等，自然遍一切處，無有作意，但依「眾生心」(而顯)現。「眾生心」者，猶(譬)如於「鏡」，鏡若有「垢」，(則)「色像」(便)不現，如是「眾生」，心若有「垢」，(則)「法身」(亦)不現。

(《大乘起信論》云：諸佛如來，法身平等，遍一切處，無有作意故，而說自然，但依眾生心現。眾生心者，猶如於鏡，鏡若有垢，色像不現。如是眾生，心若有垢，法身不現故)

其猶日月(雖然能光)麗(於)天，(但)盲者(仍)不覩；雷霆(雖)震(於)地，(但)聾者(仍)不聞。

唐・法藏(643~712)述《修華嚴奧旨妄盡還源觀》卷1

(1)顯「一體」者，謂「自性清淨」圓明體，然此即是「如來藏」中「法性」之體，從本已來性自滿足，處染不垢、修治不淨，故云「自性清淨」……

(2)依「體」起「二用」者，謂依前「淨體」(清清之體而生)起於「二用」。

一者、(生起)「**海印**」森羅「**常住**」(之)用：言「**海印**」者，(乃)「真如」(之)「本覺」也。「妄」盡(而)心「澄」，(則)「萬象齊「現」，(此)猶如「大海」，因「風」(而生)起「浪」，若「風」止息，「海水」(即回歸)澄清，(則)無「象」不現。

(3)《起信論》云：(具)無量(之)功德藏，(為)「法性」真如海。

(上述二行與原始的《大乘起信論》順序顛倒。據《大乘起信論》云：「歸命盡十方，最勝業遍知，色無礙自在，救世大悲者，及彼身體相，**法性真如海**，無量功德藏，如實修行等」)

➔所以(此即)名為「**海印三昧**」也。

(4)《經》云：森羅及萬象，(皆為)「一法」之所「印」。

(據《法句經・普光問如來慈偈答品》云：參ㄘㄢ 羅及萬像，一法之所印。云何一法中，如生種種見？一亦不為一，為欲破諸數。淺智之所聞，見一以為一。若有聞此法，常修寂滅行，知行亦寂滅，是則菩提道。

註：參羅，指參ㄘㄢ 差ㄘ 羅列的意思)

➜言「一法」者，(即)所謂「一心」也，是「心」即(都)攝一切「世間、出世間」法，即是「一法界」大總相法門體，唯依「妄念」而有差別，若離「妄念」，唯一「真如」，故言「海印三昧」也……

二者、(生起)「法界圓明」自在(之)用：(此即)是「華嚴三昧」也，謂廣修「萬行」，稱「理」成「德」，普周法界而證「菩提」。

《華嚴經》是講[佛華嚴三昧]五個字,不是[華嚴三昧]四個字-2023 年果濱講於二楞講堂
https://drive.google.com/file/d/1XoKJx05Lk_pIIkh78EQ1Kop-zcpVRMDN/view?usp=sharing

《華嚴經》的「海印三昧」解釋-2023 年果濱講於二楞講堂
https://drive.google.com/file/d/1NW7FK1F8m-gqnQ9dF4ovKC1UcW7xcIQO/view?usp=sharing

卐「佛華嚴」三昧

(1)經典常譯作「**佛華嚴三昧、佛華三昧、佛花三昧、佛華三昧定、佛華莊嚴、佛華嚴、佛藏三昧、華嚴三昧**」，在所有的經典譯本中，只有《六十華嚴經・賢首品》因為「偈頌」以七字為限，所以少譯了「佛」字，只譯作「華嚴三昧」四個字。但《六十華嚴經・離世間品》中又重新出現「**佛華嚴**」三個字，所以確定是有「佛」字在前面的，這是千真萬確的。

(2)「**佛華嚴三昧**」意指若能證得「**佛**」地之果，便能以「**華**」莊「**嚴**」其身而入此「**三昧**」大定，而諸菩薩亦能在「六度萬行」的「信解行證」下證入此「大定」，具有「統攝法界」之本體與妙用，為入一切佛法之「大三昧」。

(3)《大方廣佛華嚴經》經題前面有「佛」字者，此是「佛」於最初成道時所說的經典，故標上一個「佛」字，所以「佛」與「華嚴」必和合為一句，而這個三昧大定就稱為「**佛華嚴三昧**」。

曹魏・康僧鎧(252年譯經，近代學界研究論斷作者確為<u>竺法護</u>)譯《佛說無量壽經・卷上》

(1)(如是諸菩薩大士)**亦無所作，亦無所有**。**不起**(不生)、**不滅，得平等法**。**具足成就無量「總持」百千三昧。**

(2)**諸**(六)**根智慧，廣普**(廣大普遍)**寂定**(寂靜禪定)。**深入菩薩法藏，**(證)**得「佛華嚴三昧」，宣揚演說一切經典。**

姚秦・鳩摩羅什(344~413)《佛說仁王般若波羅蜜經・卷二》

佛現「神足」時，十方諸「天人」(亦)**得「佛華三昧」，十恒河沙菩薩「現身成佛」，三恒河沙八部王成「菩薩」道，十千女人現身得「神通」三昧。**

姚秦・竺佛念(399~416譯出)《菩薩瓔珞本業經・卷一》

佛子！吾先於「第三禪」中，集「八禪」眾，說「一生補處菩薩」(證)**入「佛華三昧定」**(有)**百萬億**(之)**偈。今以略說「一偈」之義，開眾生心，汝等受持。**

北涼・曇無讖(385~433)《大般涅槃經・卷十五》

(1)**復次善男子！菩薩摩訶薩於修「慈」中，**(在)**布施「花香、塗香、末香、諸雜香」時，**

應作是願：

(2)我今所施(花香、塗香、末香、諸雜香)，悉與一切眾生共(用)之，以是因緣，(能)令諸眾生一切皆得「佛花三昧」。

西晉·竺法護譯 於265年開始譯經，於286年譯出《正法華經》《度世品經》	東晉·佛馱跋陀羅譯 公元421年譯出 六十《華嚴經·離世間品》	唐·實叉難陀譯 公元699年譯出 八十《華嚴經·離世間品》
⑤於是，普賢菩薩即以「佛藏三昧」(之)「正受」。	⑤爾時，普賢菩薩(入)「正受三昧」，其「三昧」名「佛華嚴」(三昧)。	⑤爾時，普賢菩薩摩訶薩入廣大「三昧」，名「佛華莊嚴」(三昧)。
⑥(普賢菩薩入)這(佛藏)「三昧」已，應時遍入十方諸佛之所遊居，靡不周暢、皆以通達，無有餘土而不徹者，講堂、法境、其虛空界，悉至無際。十方剎土六反震動，其大光明靡所不照，聲揚洪音莫不聞聲。	⑥(普賢菩薩)入(佛華嚴)「三昧」已，十方一切世界，六種十八相震動，出微妙音，一切世界無不聞者。	⑥(普賢菩薩入)入此(佛華莊嚴)「三昧」時，十方所有一切世界六種、十八相動，出大音聲靡不皆聞。

東晉·佛馱跋陀羅譯 公元421年譯出 六十《華嚴經·賢首菩薩品》	唐·實叉難陀譯 公元699年譯出 八十《華嚴經·賢首品》
(如是於)一切(皆得大)「自在」(而)難思議，(此即為如來的)「華嚴三昧」(之)勢力故。 (因為偈頌以七字為限，所以這邊少了「佛」字，只譯作「華嚴三昧」四個字)	如是(於)一切皆(得大)「自在」，(此即)以「佛華嚴三昧」(之勢)力(故)，
(故能)入「微塵」數(之)諸「三昧」，(於)一(一的)「三昧」(中)生(微)塵等「定」。	(能於)一「微塵」中入「三昧」，(能)成就一切(的)「微塵定」。

(能於)「一塵」中現無量剎,而彼「微塵」亦不(因此而)增(大)。	而彼「微塵」亦不(因此而)增(大),於「一」(中能)普現難思(議的無量)剎(土)。

唐・菩提流志(562～727)《大寶積經・卷十七・無量壽如來會》

(如是諸菩薩大士已)得「無生無滅」諸三摩地,及得一切「陀羅尼門」。廣大諸(六)根,辯才決定,於菩薩藏法,(皆)善能了知,(於)「佛華三昧」,隨時(皆能)悟入。

唐・法藏(643～712)撰《華嚴遊心法界記》卷1

(此書只將「華嚴三昧」四字作解說,沒有解說到「佛」字)

言「華嚴三昧」者,解云:

(1)「華」者:「菩薩萬行」也,何者?

以「華」有生(果)「實」之「用」,

「行」有感「果」(實)之(功)能,

雖復「內、外」兩殊,(但所)生(的)感(應)力(則)有「相似」。今即以「法」(而)託「事」(以彰顯此理),故名「華」也。

(2)「嚴」者:「行」成(而)「果」(報圓)滿,契合(而)相應,「垢障」永消,證「理」(獲)圓潔,(能)隨「用」(而)讚(其)「德」,故稱曰「嚴」也。

(3)「三昧」者:「理、智」無二,交徹鎔融(鎔合交融),「彼、此」俱(消)亡,「能、所」斯(滅)絕,故云「三昧」也。

(4)亦可(解作)「華」即(是)「嚴」,以「理、智」(乃)無礙故。

(5)「華嚴」即「三昧」,以(菩薩萬)「行」(已圓)融(而得)離(諸)「見」故。

(6)亦可(解作)「華」即(是)「嚴」,以「一行」(即能)頓修「一切行」故。

(7)「華嚴」即「三昧」,「一」行即「多」(行),而不礙「一、多」故。

(8)亦可(解作)「華嚴」即「三昧」,以「定(心)、亂(心)」(兩者乃互相)雙「融」故。

(9)亦可(解作)「三昧」即「華嚴」,以「理、智」(乃)「如如」故,如是「自在」(而)無有障礙。

(10)(所以)或「定」或「亂」,或「即」或「入」,或「智」或「理」,或「因」或「果」,或「一」或「異」,「性」海實「德」,「法爾」圓明,應「如理」(而)思(之),(斷)絕於(諸)「見」也。此云何知?按(六十)《華嚴經》云:一切自在難思議,華嚴三昧勢力故。

(9)如是如是,廣如經(中所說之)辨,(以)此「解、行」為言,名為「華嚴三昧」。

唐・法藏(643～712)述《修華嚴奧旨妄盡還源觀》卷1

(此書只將「華嚴三昧」四字作解說,沒有解說到「佛」字)

(1)顯「一體」者，謂「自性清淨」圓明體，然此即是「如來藏」中「法性」之體，從本已來性自滿足，處染不垢、修治不淨，故云「自性清淨」……

(2)依「體」起「二用」者，謂依前「淨體」(清淨之體而生)起於「二用」。

一者、(生起)「海印」森羅「常住」(之)用：言「海印」者，(乃)「真如」(之)「本覺」也。「妄」盡(而)心「澄」，(則)萬象齊「現」，(此)猶如「大海」，因「風」(而生)起「浪」，若「風」止息，「海水」(即回歸)澄清，則「無」象」不現……若離「妄念」，唯一「真如」，故言「海印三昧」也……

二者、(生起)「法界圓明」自在(之)用：(此即)是「華嚴三昧」也，謂廣修「萬行」，稱「理」成「德」，普周法界，而證菩提。

(3)言「華嚴」者：

「華」有結(果)「實」之「用」，「行」(則)有感「果」之(功)能。今則(以「法」)託「事」(而)表彰(此理)，所以舉「華」為喻。

「嚴」者：「行」成(而)「果」(報圓)滿，契「理」(而)稱「真」，「性、相」兩(俱)亡、「能、所」俱(雙)絕，顯煥(顯赫煥然)炳著(炳朗昭著)，故名「嚴」也。

(4)良以非(從)「真」流之「行」，(乃)無以契「真」；何有「飾真」(嚴飾純真)之「行」，不從「真」(而生)起(的呢)！此則(以)真該(含)妄末(虛妄末俗)，「行」(便)無「不修」，(待)「妄」(已)徹(盡即能證)「真」之「源」，(此時諸)「相」(即)無「不寂」(不呈寂靜相)，故曰「法界圓明」自在(之妙)用也。

(5)(八十)《華嚴經》云：「嚴淨不可思議刹，供養一切諸如來，放大光明無有邊，度脫眾生亦無限，施戒忍進及禪定，智慧方便神通等，如是一切皆自在，以"佛華嚴三昧"力」。依此義故，(故)名「華嚴三昧」也。

新羅・璟興撰《無量壽經連義述文贊》卷2

(此書有將「佛華嚴」三字作解說)

(1)經曰：得「佛華嚴三昧」者，述云：此第四、所成奇勝也。

「佛地」(的)功德能(莊)嚴「佛身」，故云「佛華嚴」。

(2)(若能)入此(佛華嚴)三昧(者)，(則能)現見「諸方佛」及「佛土」，故亦言「得」。(此)即《華嚴》(所)云：彼一(佛華嚴)「三昧」(乃)該攝法界，一切佛法悉入(於「佛華嚴三昧」)其中也。

隋・吉藏造《淨名玄論》卷2

(此書有將「佛華嚴」三字作解說)

(1)有人言：「七處八會」是(由)一「佛華嚴三昧」(所)現此(的)法門，故須標「佛」也。又「華嚴」偏題「佛」者，此是「佛」(於最)初「成道」(所)說之(經典)，故(標)題於「佛」(字)，自爾之「前」，未有「佛」(來)說(此經典)，從此以後，(亦可)不須標(上)「佛」(字)，是故

斯經，(乃)獨標「佛」(字)也(即指「大方廣佛華嚴經」中有個「佛」字)……

(2)前明「佛華嚴三昧」，故稱《佛華嚴經》，則「佛」與「華嚴」(乃和)合為「一句」。

�֍因為唐代的法藏大師(643～712)在他的三本著作，《華嚴遊心法界記》、《修華嚴奧旨妄盡還源觀》、《華嚴發菩提心章》(即《華嚴三昧觀》，一卷十門)，都只講四個字「華嚴三昧」。

當初應該要命名為《佛華嚴三昧章》的，如此就不會造成「後人」一直以為《華嚴經》是講「華嚴三昧」這四個字的，而不是「佛華嚴三昧」五個字啊！

�֍佛寺如果以弘揚《華嚴經》為主的道場，建議可作底下幾種命名方式：

佛華嚴三昧寺
佛華嚴三昧講堂
佛華嚴三昧道場
佛華嚴三昧精舍
佛華嚴三昧齋

佛華嚴寺
佛華嚴講堂
佛華嚴道場
佛華嚴精舍
佛華嚴齋

✖佛寺如果要以弘揚《華嚴經》＋《楞嚴經》為主的道場，可作底下幾種命名方式：

雙嚴寺
雙嚴講堂
雙嚴道場
雙嚴精舍
雙嚴齋

果濱佛學專長

一、佛典生命科學。二、佛典臨終與中陰學。

三、梵咒修持學(含《蘇婆呼童子請問經》)。四、《楞伽經》學。

五、《維摩經》學。

六、般若學(《金剛經》+《大般若經》+《文殊師利所說般若波羅蜜經》)。

七、十方淨土學。八、佛典兩性哲學。九、佛典宇宙天文學。

十、中觀學(中論二十七品)。十一、唯識學(唯識三十頌+《成唯識論》)。

十二、《楞嚴經》學。十三、唯識腦科學。

十四、敦博本《六祖壇經》學。十五、佛典與科學。

十六、《法華經》學。十七、佛典人文思想。

十八、《華嚴經》科學。十九、唯識双密學(《解深密經+密嚴經》)。

二十、佛典數位教材電腦。二十一、中觀修持學(佛經的緣起論+《持世經》)。

二十二、《般舟三昧經》學。二十三、如來藏學(《如來藏經+勝鬘經》)。

二十四、《悲華經》學。二十五、佛典因果學。二十六、《往生論註》。

二十七、《無量壽經》學。二十八、《佛說觀無量壽佛經》。

二十九、《思益梵天所問經》學。三十、《涅槃經》學。

三十一、三部《華嚴經》。三十二、穢跡金剛法經論導讀。

果濱其餘著作一覽表

一、《大佛頂首楞嚴王神咒・分類整理》(國語)。1994 年 10 月 15 日編畢。1996 年 8 月印行。大乘精舍印經會發行。書籍編號 C-202。紙本結緣書，有 pdf 電子書。字數：5243

二、《生死關初篇》。1996 年 9 月初版。1997 年 5 月再版。✳ISBN：957-98702-5-X。大乘精舍印經會發行。紙本結緣書，有 pdf 電子書。書籍編號 C-207。與 C-095。字數：28396

《生死關全集》。1998 年 1 月修訂版。和裕出版社發行。✳ISBN：957-8921-51-9。字數：110877

三、《雞蛋葷素說》(同《修行先從不吃蛋做起》一書)。1998 年 4 月初版，2001 年 3 月再版。大乘精舍印經會發行。紙本結緣書，有 pdf 電子書。✳ISBN：957-8389-12-4。字數：9892

四、《楞嚴經聖賢錄》(上下冊)[停售]。2007 年 8 月及 2012 年 8 月。萬卷樓圖書股份有限公司發行。✳ISBN：978-957-739-601-3(上冊)。✳ISBN：978-957-739-765-2(下冊)。

《楞嚴經聖賢錄(合訂版)》。2013 年 12 月初版。萬卷樓圖書股份有限公司發行。✳ISBN：978-957-739-825-3。字數：262685

五、《《楞嚴經》傳譯及其真偽辯證之研究》。2009 年 8 月。萬卷樓圖書股份有限公司發行。✳ISBN：978-957-739-659-4。字數：352094

六、《果濱學術論文集(一)》。2010 年 9 月。萬卷樓圖書股份有限公司發行。✳ISBN：978-957-739-688-4。字數：136280

七、《淨土聖賢錄・五編(合訂本)》。2011 年 7 月。萬卷樓圖書股份有限公司發行。✳ISBN：978-957-739-714-0。字數：187172

八、《穢跡金剛法全集(增訂本)》[停售]。2012 年 8 月。萬卷樓圖書股份有限公司發行。✳ISBN：978-986-478-853-8。字數：139706

《穢跡金剛法全集(全彩本)》。2023 年 6 月。萬卷樓圖書股份有限公司發行。➔ISBN：978-957-739-766-9。字數：295504

九、《漢譯《法華經》三種譯本比對暨研究(全彩本)》。2013 年 9 月初版。萬卷樓圖書股份有限公司發行。✳ISBN：978-957-739-816-1。字數：525234

十、《漢傳佛典「中陰身」之研究》。2014 年 2 月初版。萬卷樓圖書股份有限公司發行。✳ISBN：978-957-739-851-2。字數：119078

十一、《《華嚴經》與哲學科學會通之研究》。2014 年 2 月初版。萬卷樓圖書股份有限公司發行。✳ISBN：978-957-739-852-9。字數：151878

十二、《《楞嚴經》大勢至菩薩「念佛圓通章」釋疑之研究》。2014 年 2 月初版。萬卷樓圖書股份有限公司發行。✳ISBN：978-957-739-857-4。字數：111287

十三、《唐密三大咒・梵語發音羅馬拼音課誦版》。2015 年 3 月。萬卷樓圖書股份有限公司發行。✳ISBN：978-957-739-925-0。〈260 x 135 mm〉規格[活頁裝] 字數：37423

十四、《袖珍型《房山石經》版梵音「楞嚴咒」暨《金剛經》課誦》。2015 年 4 月。

萬卷樓圖書股份有限公司發行。✹ISBN：978-957-739-934-2。〈140 x 100 mm〉規格[活頁裝] 字數：17039

十五、《袖珍型《房山石經》版梵音「千句大悲咒」暨「大隨求咒」課誦》。2015 年 4 月。萬卷樓圖書股份有限公司發行。✹ISBN：978-957-739-938-0。〈140 x 100 mm〉規格[活頁裝] 字數：11635

十六、《《楞嚴經》原文暨白話語譯之研究（全彩版）》[不分售]。2016 年 6 月。萬卷樓圖書股份有限公司發行。✹ISBN：978-986-478-008-2。字數：620681

十七、《《楞嚴經》圖表暨註解之研究（全彩版）》[不分售]。2016 年 6 月。萬卷樓圖書股份有限公司發行。✹ISBN：978-986-478-009-9。字數：412988

十八、《《楞嚴經》白話語譯詳解（無經文版）-附:從《楞嚴經》中探討世界相續的科學觀》。2016 年 6 月。萬卷樓圖書股份有限公司發行。✹ISBN：978-986-478-007-5。字數：445135

十九、《《楞嚴經》五十陰魔原文暨白話語譯之研究-附:《楞嚴經》想陰十魔之研究》。2016 年 6 月。萬卷樓圖書股份有限公司發行。✹ISBN：978-986-478-010-5。字數：183377

二十、《《持世經》二種譯本比對暨研究（全彩版）》。2016 年 6 月。萬卷樓圖書股份有限公司發行。✹ISBN：978-986-478-006-8。字數：127438

二十一、《袖珍型《佛說無常經》課誦本暨「臨終開示」（全彩版）》。2017 年 8 月。萬卷樓圖書股份有限公司發行。✹ISBN：978-986-478-111-9。〈140 x 100 mm〉規格[活頁裝] 字數：16645

二十二、《漢譯《維摩詰經》四種譯本比對暨研究（全彩版）》。2018 年 1 月。萬卷樓圖書股份有限公司發行。✹ISBN：978-986-478-129-4。字數：553027

二十三、《敦博本與宗寶本《六祖壇經》比對暨研究（全彩版）》。2018 年 1 月。萬卷樓圖書股份有限公司發行。✹ISBN：978-986-478-130-0。字數：366536

二十四、《果濱學術論文集（二）》。2018 年 1 月。萬卷樓圖書股份有限公司發行。✹ISBN：978-986-478-131-7。字數：121231

二十五、《從佛典中探討超薦亡靈與魂魄之研究》。2018 年 1 月。萬卷樓圖書股份有限公司發行。✹ISBN：978-986-478-132-4。字數：161623

二十六、《欽因老和上年譜略傳》。紙本結緣書，有 pdf 電子書。2018 年 3 月。新北樹林區福慧寺發行。字數：9604

二十七、《《悲華經》兩種譯本比對暨研究（全彩版）》。2019 年 9 月。萬卷樓圖書股份有限公司發行。✹ISBN：978-986-478-310-6。字數：475493

二十八、《《悲華經》釋迦佛五百大願解析（全彩版）》。2019 年 9 月。萬卷樓圖書股份有限公司發行。✹ISBN：978-986-478-311-3。字數：83434

二十九、《《往生論註》與佛經論典之研究（全彩版）》。2019 年 9 月。萬卷樓圖書股份有限公司發行。✹ISBN：978-986-478-313-7。字數：300034

三十、《思益梵天所問經》三種譯本比對研究（全彩版）》。2020 年 2 月。萬卷樓圖書股份有限公司發行。✹ISBN：978-986-478-344-1。字數：368097

三十一、《蘇婆呼童子請問經》三種譯本比對暨研究（全彩版）》。2020 年 8 月。萬卷樓

圖書股份有限公司發行。✳ISBN：978-986-478-376-2。字數：224297

三十二、《悉曇梵字七十七字母釋義之研究(含華嚴四十二字母)全彩版》。2023 年 7 月。萬卷樓圖書股份有限公司發行。✳ISBN：978-986-478-866-8。字數：234593

三十三、《毘首羯磨菩薩與雕刻佛像之研究(全彩版)》。2023 年 9 月。萬卷樓圖書股份有限公司發行。✳ISBN：978-986-478-879-8。字數：86466

三十四、《楞伽經》三種譯本比對暨研究(全彩版)》。2023 年 9 月。萬卷樓圖書股份有限公司發行。✳ISBN：978-986-478-961-0。字數：764147

三十五、《楞伽經》中〈遮食肉品〉素食之研究(全彩版)》。2023 年 9 月。萬卷樓圖書股份有限公司發行。✳ISBN：978-986-478-964-1。字數：103247

三十六、《《華嚴經》四聖諦品與人生一百一十種苦解析(全彩版)》。2023 年 12 月。萬卷樓圖書股份有限公司發行。✳ISBN：978-626-386-033-9。字數：84081

三十七、《《華嚴經》淨行品一百六十二大願解析(全彩版)》。2023 年 12 月。萬卷樓圖書股份有限公司發行。✳ISBN：978-626-386-034-6。字數：94771

三十八、《《華嚴經》十住品六種譯本比對解析(全彩版)》。2023 年 12 月。萬卷樓圖書股份有限公司發行。✳ISBN：978-626-386-035-3。字數：96760

*三十八本書，總字數為 8295412，即 829 萬 5412 字

國家圖書館出版品預行編目(CIP)資料

《華嚴經》淨行品一百六十二大願解析(全彩版)/果濱編撰. -- 初版. -- 臺北市 ： 萬
卷樓圖書股份有限公司, 2023.12
　面 ；　公分
全彩版

ISBN 978-626-386-034-6(精裝)

1.CST: 華嚴部

221.2　　　　　　　　　　　　　　　　　　　　　　　　　　　112022287

ISBN　978-626-386-034-6

《華嚴經》淨行品一百六十二大願解析(全彩版)

2023 年 12 月初版 精裝(全彩版)　　　　　　　　定 價 ：新台幣 420 　元

編　著　者：果濱
發　行　人：林慶彰
出　版　者：萬卷樓圖書股份有限公司
編輯部地址：106 臺北市羅斯福路二段 41 號 9 樓之 4
電話：02-23216565
傳真：02-23218698
E-mail：service@wanjuan.com.tw
　　　　　booksnet@ms39.hinet.net
萬卷樓網路書店：http://www.wanjuan.com.tw
發行所地址：10643 臺北市羅斯福路二段 41 號 6 樓之 3
電話：02-23216565
傳真：02-23944113
劃撥帳號：15624015
微信 ID：ziyun87619　　支付宝付款
款項匯款後，煩請跟服務專員連繫，確認出貨事宜
服務專員：白麗雯，電話：02-23216565 分機 610
承 印 廠 商 ：中茂分色製版印刷事業股份有限公司
◉版權所有　翻印必究◉
新聞局出版事業登記證局版臺業字第 5655 號
(如有缺頁、破損、倒裝，請寄回本公司更換，謝謝)